KB109281

서양 무기의 역사

차례
Contents

전쟁과 무기 : 개관

    대략 15세기경 서방은 중국을 중심으로 한 동양 세계를 추월하기 시작하였다. 잘 알려져 있듯 이 시기에 지리상 발견이라고 불리는 서구인들에 의한 세계로의 팽창이 본격화되었다. 한마디로 서세동점西勢東漸이 시작된 것이다. 이후 18세기 중엽부터 시작된 산업혁명을 통하여 팽창의 조건들을 좀 더 성숙시킨 서방세계는 19세기말에 이르러서는 세계의 거의 전 지역을 차지하기에 이르렀다.

    그렇다면 서양 세계는 어떻게 지구상의 헤게모니를 장악할 수 있었는가? 그 요인으로 비슷한 규모를 가진 국가들 간의 치열한 경쟁을 통한 발전, 빠른 자본주의 사회의 형성, 합리주의 정신 등이 제시되고 있다. 하지만 그 무엇보다도 직접적인 요인은 서구인들이 갖고 있던 우수한 무기와 우월한 무기체계라고 볼 수 있다. 실제로 15세기에 스페인의 정복자들은 아스텍 문명과 잉카 문명을, 그리고 보다 가깝게는 19세기말 영국군은 압도적인 수적 열세를 무릅쓰고 아프리카 지역을 정복할 수가 있었던 것이다.

그렇다면 이러한 무기는 어느 날 갑자기 만들어진 것인가? 물론 그렇지는 않다. 협의의 의미로 '상대방에게 직접 타격을 가할 시 사용되는 도구 및 기구'를 의미하는 무기는 고대부터 점진적으로 발전되어 왔다. 물론 '인간은 도구를 만드는 동물'이라고 벤저민 프랭클린이 정의하였듯이, 인간은 이 세상에 존재하면서부터 자신의 생존과 보호를 위해 무기를 만들기 시작했다. 우리가 박물관에서 쉽게 볼 수 있는 돌칼, 돌찌르개, 돌도끼 등 원시적인 무기들이 이를 입증해 주고 있다.

무리를 지어 살기 시작한 이래로 인류는 무기를 만들어 사용해 왔기 때문에 그 종류도 매우 다양하다. 특히 분류 기준에 따라서 여러 갈래로 구분될 수 있다. 예컨대 사정거리에 중점을 둘 경우 장병기와 단병기로, 병종을 기준으로 할 경우 보병용 무기와 기병용 무기로, 그리고 사용 용도를 기준으로 할 경우에 공격용 무기와 방어용 무기 등으로 구분된다.

인류는 장기간에 걸쳐서 근력에 기초한 무기를 사용하여 왔다. 즉, 무기를 움직인 근원은 인간이나 가축의 에너지였다는 것이다. 그러나 화약이 발명된 이후에는 투사체를 장거리까지 날려 보냄으로써, 직접 상대방과 몸을 부딪치지 않고서도 전투를 치르는 것이 가능해졌다. 화약무기는 소총이나 대포와 같은 화기의 등장은 물론이고 축성술의 발달 등 여러 분야에 커다란 영향을 미쳤다. 그 이후에는 기술 시대 및 하이테크 시대로 이어지면서 첨단무기에 대한 경쟁이 치열하게 전개되었다.

그러나 무기 그 자체의 발전과정만을 살펴보는 작업은 별다른 의미가 없다. 왜냐하면 무기 스스로는 아무런 역할도 하지 못하기 때문이다. 무기의 진가는 그것이 사람의 손에 쥐어져 의도를 갖고 체계적으로 사용될 때 발휘된다. 또한 개별적으로 사용되는 경우보다는 전쟁에서와 같이 집단적으로 사용될 때 진정한 위력을 나타낼 수 있다. 다시 말해, 무기가 부대운용과 연결될 경우여야 진정한 의미에서 무기로서의 역할을 할 수 있다는 점이다. 무기가 전술운용과 연계되어 고찰되어야 할 필요가 바로 여기에 있다.

고대 그리스·로마의 무기와 전술

그리스의 에게해 제패와 무기

서양에서 무기가 전술과 결합되어 진정으로 위력을 발휘하기 시작한 것은 서양 문명의 기초가 형성된 그리스 및 로마 시대였다. 바로 이 시기에 서양을 특징짓는 제반 요인들이 형성되었고, 이와 병행하여 무기 및 전술도 발전하게 되었다. 이러한 맥락에서 서양 무기발달의 역사를 그리스 및 로마 시대부터 살펴보고자 한다.

서양 세계가 문명화된 모습으로 역사의 전면에 부상하기 시작한 것은 기원전 3~4세기경 에게해 주변에서 번성하였던 그리스 시대 때부터였다. 서양의 고대에서 최초로 문명을 이루고 지중해의 지배권을 장악하였던 세력은 그리스의 도시국가들이었다. 특히 그중에서도 폴리스 아테네는 그리스 반도의 선도국가로서 동방의 제국 페르시아와 치른 세 차례의 전쟁(B.C. 490~478)에서 승리하여 명실 공히 에게해의 맹주로 군림하게 되었다. 이후 아테네를 중심으로 한 그리스 도시국가들은 수준 높은 학문과 예술을 꽃피웠다. 또한 아테네를 이어서 그리스 반도의 지배자로 등장한 마케도니아는 위대한 군사지도자 알렉산더의 영도하에 그리스 반도를 비롯한 소아시아 전체를 석권하기에 이르렀다.

그러나 에게해의 패자로 군림하던 그리스의 세력은 수차례에 걸친 내전과 혼란으로 약화되고, 그 대신에 지중해 서쪽의 이탈리아 반도에서 로마가 그 모습을 드러냈다. 이탈리아 반도 중앙부의 라티움 평원을 거점으로 세력을 확장하던 로마는 기원전 300년경 이탈리아 반도를 통일하고, 세 차례에 걸쳐서 카르타고와 치른 포에니 전쟁(B.C. 265~201)을 승리로 이끌면서 지중해의 패권을 장악하고 빠르게 대제국으로 팽창하였다. 기원전 40년경에 이르러 로마군은 줄리어스 시저의 지휘하에 서쪽으로는 스페인으로부터 동쪽으로는 소아시아에 이르기까지 지중해 주변의 거의 전 지역을 장악하기에 이르렀다.

먼저 그리스에 대해 살펴보자. 그리스는 어떻게 동방의 강국 페르시아와의 대결에서 승리하여 에게해를 장악할 수가 있었는가? 그리스 군대의 강점은 팔랑크스Phalanx라고 불린 중무장 밀집보병대에 있었다. 이는 기원전 600년경에 그리스에서

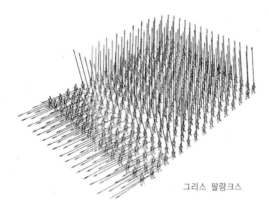

그리스 팔랑크스

등장, 이후 로마의 보병군단이 출현하기 이전까지 고대세계에서 가장 가공할 위력을 발휘한 전투대형으로, 중무장한 보병들이 서로 약 90cm 간격을 유지하면서 사각형의 밀집대형(통상 12열×16오)을 형성한 것이었다.

그리스에서 팔랑크스는 일정 수준의 재산과 교양을 겸비한 중상류층 시민들로 구성되었다. 이들은 창(약 2.4m), 방패(직경 1m, 무게 23kg), 단검, 흉갑, 정강이받침 등으로 무장하고 있었다. 팔랑크스의 주 무기는 사리사sarissa로 불린 장창과 호플론 hoplon이라 불린 방패였다. 초기에 사리사는 그 길이가 2.53m 정도였는데, 나중에는 무려 4.5m까지 길어지고 무게도 45kg에 육박하게 되었다. 그 형태가 어떻게 변모하였든 사리사는 투창이라기보다는 찌르기용의 창이었다. 호플론은 방패 뒷면에 팔을 넣을 수 있는 고리가 장착되어 있는 원형의 방어용 방패였다.

그렇다면 이러한 무기들은 어떻게 사용되었는가? 제1열은 사리사를 허리높이까지 들어 올리고 제2~4열의 병사들은 앞의 병사 어깨 위에 창을 올려놓아 적군을 향해 창을 겨냥하는 모양을 취하고, 제5열부터는 창을 수직으로 세웠다. 그렇게 되면 대열 정면에는 수

그리스 팔랑크스병

십 개의 긴 창들이 마치 가시처럼 튀어나와 적군에게 커다란 위협이 되었다. 그리고 호플론은 왼손에 들었을 경우에 자신의 절반과 좌측 사람의 절반이 방패로 가려지게 된다. 방어가 미약한 우측에는 가장 강한 병사가 배치되었다. 이러한 팔랑크스는 당시에 가공할 충격력과 공격력을 발휘하면서 그리스 주변국들의 간담을 서늘하게 만들었다.

왜 이러한 신형 전투방식은 그리스에서만 가능하였는가? 이에 대한 해답은 당시 그리스 사회의 특질에 숨어 있었다. 즉, 당시 그리스에서는 스스로 무장할 능력이 있는 도시의 시민들만이 전사가 될 수 있었는데, 이들은 자신이 속한 공동체에 대한 충성심이 강하고 구성원 간의 평등의식이 높아서 강

한 단결력을 과시할 수 있었다. 팔랑크스와 같은 전투대형을 유지하기 위해서는 무엇보다도 단합된 조직력이 필수 불가결하였는데, 바로 위와 같은 특징을 지닌 시민들로 구성된 그리스 군대가 이에 적합하였던 것이다.

팔랑크스는 대규모 밀집대형이었기에 기복이 심한 지형이나 구릉지 등에서는 대형이 흔들리게 되어 본래의 위력을 발휘하기가 곤란하였다. 무엇보다도 정면에 대한 충격력과 돌파력은 양호하였으나 유연성과 즉응성이 떨어져 적군과의 전투 중에 직사각형 형태의 대형 중 어느 한쪽이 적군의 공격으로 와해되면 실패할 가능성이 높았다.

로마의 지중해 세계 제패와 무기

지중해 동부에서 에게해를 중심으로 번영을 누리던 그리스 세계는 알렉산더의 사망과 더불어 쇠퇴하고, 급기야 기원전 300년경에 이르면 지중해의 서쪽 이탈리아 반도에서 뒤늦게 성장한 로마의 팽창과 직면하게 된다. 지중해의 패권을 장악하기 위해 양측은 서로를 격파해야만 하였기에 충돌은 피할 수 없었고, 결국에는 원정군이던 로마의 승리로 귀착되었다. 그렇다면 로마군은 어떻게 위용을 자랑하던 그리스의 팔랑크스에 대항하여 승리할 수 있었는가? 로마인들은 기원전 300년 경부터 창의적인 군단체제를 발전시켰고, 이를 통해 전투대형 내에서 각 병사들의 활동 공간을 크게 늘릴 수 있었다. 한마디로 로마군이 사용한 방진대형과 그리스 팔랑크스대형, 그리고 그에 따른 무기운용상의 차이에서 그 원인을 찾을 수 있다.

로마군 역시 고대 서양 군대의 특성인 중무장 보병을 갖고 있었지만, 사용무기와 그 운용에 있어서는 그리스와 구별되었다. 하나의 대규모 단위로 이루어져 기동성과 유연성이 크게 부족하였던 그리스 팔랑크스에 비해 로마의 군대는 약 40명 단위의 센추리century, 2개의 센추리가 모인 매니플maniple, 코호트cohort, 그리고 10개의 코호트가 모여서 그 유명한 로마군단인 레지온legion(기병대 300명을 포함하여 총 4,500~5,000명으로 구성)을 이루었다. 로마 군대는 이처럼 세분화된 하부조직을 중심으로 유동적인 부대운용이 가능하였고, 그리스 팔랑크스와는 달리 굴곡이 있는 지역이나 산악 지형에서도 기동에 별다른 어려움을 겪지 않았다.

그렇다면 어떻게 이러한 부대운용이 가능하였는가? 이는 무엇보다도 로마군이 사용한 무기와 밀접한 관련이 있다. 로마군의 핵심 무기는 글래디우스gladius(양날 검으로 길이 60~70cm, 무게 1kg 이내)와 필룸pilum(일종의 투창으로 길이 1.52m, 무게 2kg 정도)이었다. 그리스군이 사리사라는 장창을 사용한 데 비해, 로마군은 이처럼 상대적으로 짧은 단창과 단검으로 무장하였다. 일반적으로 기병대나 보병대의 보조 무기로 이용되어 온 검이 로마군에 의해 주 공격무기로 격상되었던 것이다. 로마군은 그리스 팔랑크스처럼 장창을 정렬하여 고슴도치와 같은 대형을 유지하기보다는, 전투가 시작되면 일단 필룸

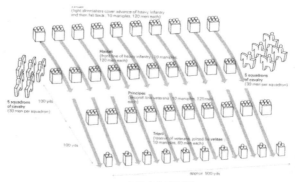
로마 군대의 전투대형

을 투창하여 적에게 피해를 입힌 다음에 근접하여 글래디우스
로 백병전을 전개하였다. 적과 근접한 상태에서는 장창이나
장검보다는 글래디우스과 같이 짧고 찌르기에 용이한 칼이 효
과가 있었다.

그렇다면 로마군은 길이가 1m에도 크게 미치지 못하는 검
으로 어떻게 길이가 거의 5m에 달하는 적군의 창병들을 상대
할 수 있었는가? 이에 대한 해답은 바로 스큐툼scutum이라 불
린 로마군의 방패에서 찾을 수가 있다. 로마군은 기존의 방패
를 볼록한 장방형의 대형방패(길이 1~1.2m, 폭 60~80cm, 무게
1~2kg)로 발전시켜, 전투 시 이것으로 몸을 방호하면서 적군
에 접근하여 검으로 찌르는 백병전의 형태로 전투를 전개할
수가 있었다.

그러면 이러한 무기들로 무장한 로마군이 갖고 있던 장점
은 무엇인가? 먼저 상대적으로 그리스군이 안고 있던 취약점

이 무엇이었는지를 살펴 보겠다. 그리스 팔랑크스는 사각대형으로서 4~5m에 이르는 장창을 앞으로 하고 전진하여 충격력으로 승부를 내는 전투 방식을 취하였다. 하지만 이러한 사각대형은 흡사 톱니로 꽉 짜여진 톱니바퀴와도 같아서, 톱니 역할을 하는 개개인 중 한 명이

로마군 병사

라도 빠져나가면 그 대형이 와해된다는 약점을 지니고 있었다. 또한 주 무기였던 사리사는 운용하기가 너무 길어서 중장보병의 기동성을 저하시켰고, 일단 창을 상실하게 되면 백병전을 전개할 수 있는 생존수단이 거의 없는 형편이었다.

이에 비해 로마군은 레지온이라는 방진형태를 통해 개별 병사에게 거의 1m에 달하는 활동 공간을 부여함으로써 대형의 신속한 변형이 가능하였다. 로마 보병은 경보병인 벨리테스, 중보병대 제1전열인 하스타티, 제2전열인 프린시페, 제3전열인 트리알리로 신분, 나이, 그리고 경력 등에 따라서 구분되었다. 적과 접적하는 경보병인 벨리테스가 물러나면, 이처럼 중층적으로 구성된 중보병들이 글래디우스 및 필룸으로 백병전을 벌이고 사상자가 발생하거나 필요시에는 후열의 병사와 교대할

수가 있었다. 또한 좌우에는 경기병대가 포진하고 있어서 적의 정찰 및 추격 작전 등이 용이하였다.

병사들이 소지하고 있던 무기는 백병전을 수행하기에 매우 유용하였다. 즉, 적당한 길이의 필룸은 단거리에서 적에게 투창 시 그 위력이 상당하여 팔랑크스와 같은 고정된 대형을 형성해서 전술을 구사하는 그리스군의 전열을 분산시킬 수가 있었다. 또한 필룸은 끝이 강하지 않아서 방패에 박힐시 그대로 구부러져 그리스군의 방패를 무용지물로 만들었다. 비록 길이는 짧았지만 글래디우스는 근거리 백병전에서 상당한 효과가 있었고, 특히 양날검의 특성상 베고 찌르는 데 유리하였다. 그리고 로마군의 방패 역시 세 겹의 판으로 견고하게 제작되어 로마 병사의 생존을 보장하는 데 한몫했다.

이러한 로마의 레지온은 당대 최고의 전투력을 보여주었고, 로마가 지중해를 제패하는 데 강력한 수단이 되었다. 글래디우스 및 필룸이라는 무기와 그에 가장 적합한 전법을 무리 없이 소화한 충성스러운 시민군대가 있었기에 로마는 강력한 레지온을 유지할 수가 있었다. 애국심으로 뭉친 로마 시민들은 강인한 훈련과 기율을 통해 복잡한 전법을 원활하게 수행하였고, 그리스 팔랑크스에 비해 측후방이 두텁지 않았음에도 불구하고 두려움 없이 전투에 임할 수 있었다.

중세 | 기사와 그의 무기들

중세의 주인공 기사

몇 해 전에 우리나라에서 「기사 윌리엄」이라는 영화가 인기리에 상영된 바 있다. 14세기에 영국의 시골 마을에서 미천한 신분으로 태어난 윌리엄이 자신이 주인으로 모시던 기사가 마상창술 대회 도중에 심장마비로 사망하자 귀족들만 참가할 수 있는 이 대회에 몰래 출전하여 온갖 방해공작을 물리치고 우승한다는 것이 「기사 윌리엄」의 줄거리이다. 이 영화에는 화려한 갑옷과 투구, 방패로 무장한 마상의 기사들이 무술시합을 벌이는 멋진 장면이 나온다. 영화가 아니더라도 우리는 서양 국가들의 박물관에서 중세의 멋진 갑옷들을 어렵지 않게 볼 수가 있다. 그렇다면 어떻게 중세 사회에서 기사들이 지배 계층으로 등장하였는가? 이들은 어떠한 무기를 사용하였는가? 또한 기사의 몸을 덮고 있던 갑옷은 어떻게 만들어졌는가?

역사가들은 9세기 말~10세기 중반경에 서유럽 지역에서 봉건제도라 불리는 사회체제가 성립된 것으로 본다. 476년에 서로마 제국이 멸망한 다음에 9세기경에 재차 서유럽을 통일하였던 프랑크 왕국의 샤를마뉴가 죽고 난 이후에 그의 왕국이 분열되면서 지방분권화가 이루어졌다. 영주라고 불린 지방의 유력자들은 국왕으로부터 봉토를 하사받아 이를 가신이라고 불린 기사들에게 분배해 주고 그 대가로 군사적 충성을 얻었다. 기사들은 토지에서 생기는 수입으로 생활하면서 자신의 영지에 거주하거나 아니면 아예 영주의 성곽에 기거하면서 평소에는 성의 치안을 담당하였다. 통상적으로 영주는 한 성 안에 20~30명 정도의 기사들을 거느리고 있었는데 이러한 경우에 그는 이들에게 무장에 필요한 장비들 - 말, 갑옷, 투구, 무기 등 - 과 생활비를 제공해야만 했다.

중세 시대에 전쟁은 일반 평민이 아니라 이들 기사 계급에 의해 수행되었다. 물론 평민들로 구성된 보병들이 있었지만 이들은 기병대의 보조부대에 불과하였다. 따라서 중세의 무기들은 주 수요계층이던 이들 기사 계급의 필요에 부응하는 방향으로 개발되었다. 마상馬上 전투 시에 적에게 거의 전부 노출되는 자신의 몸을 보호하는 것이 급선무였는지라 중세 시대에는 특히 갑주(갑옷과 투구를 총칭)가 발달하게 되었다.

기사의 방어무기

그렇다면 기사들은 전장에서 어떻게 자신의 몸을 보호하였는가? 중세 기사의 무장은 그 성격상 '방어적'이었다. 특히 갑주의 발달이 이를 입증해 준다. 갑옷은 꾸준하게 개선되었지만, 장창의 관통력에 견디면서 노출된 신체 부위를 방어해야 할 필요로 인해 중량이 점차로 늘어났다. 10세기경부터 고리형 금속조각을 이어서 만든 쇠미늘 갑옷(chain mail)이 유행하였다. 이는 흐늘흐늘할 정도로 부드러웠고 소매는 손목까지 내려왔으며 하단은 스커트 형태로 되어 있어서, 기사가 말에 올라앉았을 때 양 허벅지를 감싸고 전체적으로 몸의 움직임을 유연하게 만들어 주었다. 이 갑옷은 두툼한 가죽이나 두꺼운 실로 만든 코트 위에 착용하였다. 이러한 쇠미늘 갑옷 한 벌의 무게는 통상적으로 30~40파운드(약 14~18kg)에 육박하였다.

이러한 갑옷의 발달과 더불어 투구 역시 지속적으로 정교하게 제작되었다. 이때 투구는 코막이가 길어지고 단단해졌으며, 무엇보다도 완전하게 얼굴을 가릴 수 있는 커버가 부착되었다. 전방을 보고 숨을 쉴 수 있도록 면전에 긴 구멍을 하나 뚫어 놓았다. 머리는 물론이고 목까지 덮을 수 있도록 만들어져 방호성은 향상되었지만, 그러다 보니 무게(약 7~10kg)가 너무 무거워져서 실제로는 전투 개시 직전까지 말안장에 올려 놓았다가 전투가 시작되면 착용할 정도였다. 전투가 방어 위주로 전개됨에 따라 중세에는 다양한 모양의 투구가 등장하였는데, 속이 깊은 냄비나 주발을 거꾸로 한 모양의 샐릿sallet과 정상부가 둥글고 코끝이 돌출한 아밋armet이 대표적이었다.

야금술 및 방어구 제작기술이 향상되면서 13세기경에 이르게 되면 기존의 쇠미늘 갑옷의 약점을 보완하는 새로운 형태의 갑옷이 등장한다. 흔히 여러 개의 철제 금속판을 연결하여 제작되었기에 판금 갑옷이라고 불린 이 갑옷은 등장 초기에는 어깨나 넓적다리와 같이 부상당하기 쉬운 신체 부위를 보호하기 위해 쇠미늘 갑옷 안쪽에 착용하였다. 이는 기존의 철 고리를 주재료로 사용하고 신체의 중요 부분에 철판을 덧붙인 형태로 흔히 플레이트 메일plate mail로 불렸다. 그러다가 판금 제작술이 발달하면서 13세기 중엽에 이르러서는 쇠미늘 갑옷 위에 덧입거나 아예 판금 갑옷만 착용하여 신체의 중요 부분

들을 보호하였다. 13세기 말에는 판금과 쇠미늘을 혼합하여 만든 갑옷 대신에 한 벌 전체가 판금으로 된 갑옷 (plate armor)이 제작되었다.

발달된 금속 제련기술은 보다 양질의 금속판 생산을 가능하게 하였지만, 그럼에도 불구하고 과도한 방호력 신장 요구로 인해 중세 기사의 무장은 더욱 무거워졌다. 십

중세 말 완전무장한 기사

지어 접전 중 낙마하면 다른 사람의 도움 없이는 일어설 수조차 없는 경우도 있었다. 더구나 중세 말에 이르러서는 말에도 방어용 갑옷을 입히게 되었다. 기사의 방호력이 강화되어 치명적인 피해를 입히기가 힘들어지자, 기사 대신 그가 타고 있던 말을 집중적으로 공격하였기 때문이다. 그러다보니 말에도 갑옷을 입히게 됨으로써 기동력은 현저하게 떨어졌다. 14세기에 이르면 중기병대의 말들은 적어도 총 150파운드(약 70kg)의 무게를 지탱하고 움직여야만 했다. 그 결과 기동성이 약화되어 전투 시 기병대의 주기능인 돌파력은 거의 기대할 수 없어졌다.

갑주를 착용한 기사는 방패까지 들어야만 했다. 중세 초·중반에 사용된 방패는 기사가 승마하였을 시 상체 측면을 보호할 수 있도록 길이가 길어졌다. 물론 간혹 둥근 모양의 방패도 있었지만, 상단부는 타원형이고 하단부는 뾰족하여 날리는 연 모양의 방패(kite shield)가 주종을 이루었다. 방패의 전면에는 주로 용이나 사자와 같은 용맹성을 과시하는 동물들이 새겨져 있었다. 기사는 평상시 말 위에 앉아 있을 때는 방패를 어깨에 메거나 혹은 안장에 매달고 다니다가 전투에 임할 시 한 손으로 잡고서 싸웠다.

14세기 중엽에 이르러 화약무기가 등장하면서 갑주의 형태도 바뀌게 되었다. 총탄의 관통력에 견딜 만한 두껍고 견고한 흉갑이 요구되었지만, 이는 고가高價임은 물론 기동성을 저하시키는 등 실용성이 떨어져 오히려 경량화되는 추세로 나아갔다. 다시 말해, 갑주가 안전성보다는 기동성을 강화하는 방향으로 선회하기 시작한 것이다. 하지만 전체적으로 볼 때 화약무기의 사용과 더불어 갑주는 주로 실전용보다는 왕족이나 귀족, 또는 친위대나 의장대의 예장용으로 발전하게 되었다. 현존하는 프랑스 왕 샤를 9세의 금 및 칠보 등 보석으로 장식된 의식용 갑옷 및 투구가 암시하듯, 이제 갑주는 전투 목적보다는 착용자의 위엄과 사치를 과시하는 장식품의 성격을 갖게 되었다.

기사의 공격무기

앞에서 우리는 중세의 방어무기를 갑옷을 중심으로 살펴보았다. 그렇다면 왜 갑옷의 재질과 형태가 변화되어 왔는가? 상대방의 공격으로부터 자신의 생명을 보호하기 위함임은 두말할 나위가 없다. 다시 말해, 갑옷의 발달은 공격무기의 발달과 불가분의 관계에 놓여 있는 것이다. 그렇다면 중세에 기사가 사용한 공격무기에는 어떠한 것들이 있는가?

대표적으로 양날이 벼려진 검(sword)을 들 수가 있다. 원래 서양에서 주로 사용된 검은 로마군의 글래디우스처럼 단검이었다. 로마군은 백병전을 위주로 하였기에 글래디우스는 이에 적합한 무기였다. 하지만 기병대가 발전하면서 단검은 기병에게는 어울리지 않음이 금방 드러났다. 왜냐하면 기병이 말 위에서 휘둘러 적을 가격하기 위해서는 기존의 백병전용 단검으

중세 기사들의 마상창시합 광경

로는 거의 불가능했기 때문이다. 이러한 필요에 의해 중세 시
대에는 장검(long sword, 길이 80~95cm, 칼날의 폭 3~5cm, 무
게 1.5~2kg)이 사용되었다. 주로 기사들이 마상에서 사용한
검이었기에 칼날은 일직선으로 곧고 칼끝 또한 날카로워 찌르
기도 가능하였다. 이슬람 통치 지역이었던 중동의 다마스쿠스
및 스페인의 톨레도에서 담금질된 검은 그 강함과 날카로움으
로 전 유럽에 걸쳐 명성을 떨쳤다.

　13세기경에 이르러 기존의 장검보다도 더 긴 검이 등장하
였다. 한 손 또는 양 손으로도 사용할 수 있다는 점 때문에 이
검은 일명 바스타드bastard 검으로 불렸다(길이 120~140cm, 칼
날의 폭 2~3cm, 무게 2.5~3kg). 마상에서 기사가 한 손으로 사
용할 수도 있었지만, 양손으로 쥐고 사용할 때 보다 강력한 일
격을 가할 수 있었다. 검의 길이가 길어진 것은 갑주의 발전과
밀접한 관계가 있다. 갑주 제작기술이 발전하여 온몸을 강력
한 금속판으로 감싸게 되면서 기사들은 서로의 허점을 발견하

기가 어려워졌고, 그 결과 좀 더 강한 타격을 가할 수 있는 검이 필요해졌기 때문이었다.

갑옷의 발달과 병행하여 등장한 또 다른 검은 손잡이 부분이 반원형인 래피어rapier 검이었다. 중세 말인 15세기 중엽에 소개된 이 검(길이 80~90cm, 칼날 폭 2~3cm, 무게 1.5~2kg)은 오늘날 펜싱 검과 유사한 모양이었다. 칼날과 날 끝 부분이 일직선이고 매우 예리한데, 원래 갑옷의 금속판 사이에 생긴 미세한 틈새를 공격할 목적으로 개량된 검이었다.

검 이외의 기병용 공격무기로는 창이 있는데 랜스lance(전체길이 3.6~4.2m, 무게 3.5~4kg)가 가장 대표적이다. 다양한 형태가 있지만, 일반적인 랜스는 창끝에 삼각의 송곳이 달려 있고, 손으로 잡는 부분은 가느다란 반면에 손잡이 끝부분은 굵고 긴 것이 가장 전형적이었다. 손잡이의 끝부분을 무겁게 만든 이유는 기사가 마상에서 수평으로 들었을 때 균형을 유지할 수 있도록 하기 위함이었다. 중세가 무르익으면서 전쟁이 소강상태에 이르자 기사들은 이 랜스의 끝부분을 나무로 만들거나 옷감으로 감싸 뭉툭하게 한 후 마상창시합(tournament)을 실시하였다. 이는 중세 기사들이 평소에 자신이 연마한 승마와 창술 솜씨를 맘껏 발휘할 수 있는 최고의 무술 경연장이었다.

이외에 여러 유형의 창들이 사용되었지만, 대표적인 보병용 창으로는 도끼와 창을 결합한 형태인 할버드halbard를 들 수가 있다. 이는 중세 말에 등장하여 특히 기병을 대적하는 데 커다란 위력을 발휘하였다. 이는 창 길이의 연장 추세에 맞추어 등장한 것으로, 창끝에 도끼날이 있고 그 반대편에는 말에 탄 기병을 걸어서 당길 수 있는 송곳이 붙어 있어 적 기병대의 간담을 서늘하게 할 정도로 살벌한 모양을 하고 있었다. 이로써 찌르기, 베기, 걸기, 찍기 등 다양한 공격이 가능해졌고 마상의 적이든 지상의 적이든 가리지 않고 공격할 수가 있었다.

기사계급의 쇠퇴와 그 요인

중세의 핵심 무장력으로서 사회의 지배계층을 이루고 있던 기사군은 14세기경에 이르러 쇠퇴하게 되었다. 물론 이는 중세사회 자체의 전반적인 쇠락과 맥을 함께하는 현상이었다. 특히 14세기 이후에는 서구 사회 전반에 걸쳐서 전쟁 — 백년전쟁(1337~1453), 장미전쟁(1455~1485), 이탈리아 도시국가들 간의 전쟁 — 이 끊임없이 일어났다. 가열되는 생존경쟁 속에서 각국은 살아남기 위해 몸부림을 치게 되었고, 이는 기병이 주축을 이룬 중세 군사 체제의 한계에 대한 성찰과 대응으로 이어졌다. 한마디로 중세를 지배하던 기사 계급이 몰락하고, 로마 제국의 멸망 이후로 그 위상이 약화되어 온 보병대가 재차 전장의 핵심전력으로 부각되었다. 중세 기사의 시대가 마감되고 보병의 시대가 열린 것이다.

그렇다면 무엇이 이러한 변화를 가능하게 만들었는가? 여기에는 기사군의 중요성을 떨어뜨린 신형무기 — 장궁, 석궁,

장창- 의 도입이 있었다. 가장 대표적인 신무기로는 장궁 (longbow)을 들 수가 있다. 영국군이 크레시 전투(1346)에서 프랑스의 기병대를 괴멸시키는 데 결정적인 역할을 한 것이 바로 이 신형 활이었다. 비록 다루는 데 장기간의 훈련과 고도의 기술이 필요하고 발사속도가 다소 늦다는 단점은 있었지만, 장거리에서도 기마병의 갑옷을 관통할 수 있는 장궁의 위력은 가히 전장의 균형을 뒤흔들기에 충분하였다.

위력 면에서 장궁과 우열을 다툰 무기는 석궁(crossbow)이었다. 석궁은 뛰어난 관통력으로 상대방에게 치명상을 입힐 수 있었기에 교황청에서 이의 사용을 제한할 정도였다. 물론 십자군 원정 시 이교도들과의 전투에서는 석궁의 사용이 허용되었으나, 전장의 승패를 좌우할 정도의 위력을 보여주지는 못하였다. 끝으로 열거할 수 있는 보병용 무기는 장창(pike)이었다. 이 무기로 무장한 병사들은 부대의 전열에서 일종의 창의 숲을 형성하여 적 기병대의 돌격을 무산시킬 수가 있었다. 당시에 스위스 출신 창병들은 바로 이 무기로 무장하고 무적의 군대로 유럽 전역에 그 명성을 떨칠 수가 있었다.

이러한 신무기들의 관통력에 대응하기 위해 기사들의 갑옷은 점점 더 두꺼워졌다. 더구나 무기의 살상력이 높아지면서 말에도 무거운 갑옷을 입혀야만 했다. 그 결과 16세기말에 이르면 무장한 기사의 무게는 무려 50kg에 달할 정도였다. 이는 기동성을 크게 둔화시켜서 중세 시대 기사군의 최대 강점으로 꼽혀온, 달리는 말의 속도에서 얻어지는 충격력이 무력화되었다. 이로써 기병은 그 역할이 축소되었고, 전장에서의 중심적 위치를 보병에게 넘겨주어야만 했다.

물론 중세 이후 기병대가 전장에서 완전히 모습을 감춘 것은 아니었다. 비록 그 임무와 역할이 축소되기는 하였지만, 19세기 후반 새로운 기동 수단이 도입되기 이전까지 기병대는 여전히 필요한 존재였다. 오늘날 기병대는 영국 버킹엄궁의 기마근위병에서 볼 수 있듯이, 전투용이라기보다는 의식용 차원에서 활용되고 있다. 제1차 세계대전 이후에는 탱크나 장갑차와 같은 장갑부대가 일종의 기계화된 기병으로서 활약하고 있다고 볼 수 있다.

근대 화약무기의 시대 개막

화약의 개량과 야금술의 발전

　전쟁의 역사상 가장 중요한 혁신은 화약의 발명이 아닐까 싶다. 하지만 1250년경까지만 하더라도 화약은 조심해서 다루어야 할 위험한 물질로만 여겨졌을 뿐, 전쟁 전문가들의 관심 밖에 있었다. 누가 맨 처음에 화약을 발견하였는지, 이를 관 속에 집어넣어서 발사법을 고안해 낸 사람이 누구인지, 그리고 화포가 언제 어디에서 처음으로 불을 뿜었는지도 정확하게 알려져 있지 않다. 물론 화약은 중국에서 처음 그 제조법을 발견하고 12세기 말경에 이슬람을 거쳐서 서양 세계에 전래된 것으로 알려져 있다.

서유럽 지역에서는 1260년경에 영국의 철학자이자 과학자였던 로저 베이컨(1220~1290)이 화약의 제조방식을 알아냈지만, 당시 교회의 정죄를 두려워하여 이를 공개하지 못하였다. 그 탓인지 이로부터 반세기가 더 지난 다음에야 화포는 그 위용을 드러낼 수 있었다. 15세기에 접어들면서 유럽에서 본격적으로 화약무기가 사용되기 시작하였고, 이로 인해 전쟁사에 새로운 변화가 나타나기 시작했다. 밀폐된 공간에서 얻어지는 화약의 폭발력은 엄청난 파괴력을 갖고 있었기 때문이다.

화약무기 발전에서 필수적인 또 다른 요소는 야금술의 진전이었다. 최초에 철이 어디에서 만들어졌는지 분명하지는 않다. 고대 중근동 지역의 출토품으로 추정해볼 때, 기원전 4000년경에 초보적이나마 철을 정련하는 기술이 습득된 것으로 짐작된다. 그 뒤에 제철기술은 히타이트인과 앗시리아인에게로 이어지며 발전하였다. 고대의 제철방식은 작은 노爐 속에 목탄불을 지펴서 열과 일산화탄소로 철광석을 환원한 뒤, 탄소를 잔뜩 머금은 해면상태의 철을 끄집어내어 쇠망치로 두들기기를 반복하는 식이었다. 중세 말의 제철기술은 노에서 용해시킨 철을 진흙모형 속에 부어 넣어서 다양한 형태의 철제품을 만드는 수준까지 이르렀다.

1492년 콜럼버스의 아메리카 대륙 발견에 이어 유럽에 상업혁명의 바람이 불면서 제련기술이 보다 발전했다. 16세기에는 새로운 형태의 용광로가 개발되었다. 제련술 측면에서 연철은 900℃에서 융해된 데 비해, 선철을 얻기 위해서는 1,200℃까지 온도를 높여야만 했다. 이제 유럽에서도 선철 생산이 가능해졌고, 이는 무엇보다도 화포의 제작과 발전에 직접적으로 영향을 미치게 되었다. 기존의 청동 화포와 더불어 화력이 한층 향상된 선철제 주조 화포가 유럽의 전장에 배치되었다. 물론 화포의 탄환도 선철제 철환으로 교체되어 파괴력이 보다 향상되었다.

화약무기는 이전까지 근력에 의존하던 무기 형태를 혁명적으로 변화시켰다. 당시까지의 전투에서는 방어가 중시되었기 때문에, 공격해 오는 적을 맞받아치는 형태의 장궁이나 장창과 같은 무기가 발달하였다. 그러나 이제 화약무기의 사용으로 전술 및 교리가 공격 중심으로 바뀌게 되었다. 특히 화포는 공성용 무기로 활용되어 성城에 의존하던 봉건시대의 전술을 깨뜨렸고, 기사 위주로 구성된 중세 기병대도 마찬가지로 개인화기의 발달과 더불어 쇠퇴하였다. 이후 꾸준한 기술 개발에 힘입어 화약무기는 보다 경량화되고 발사속도가 증가하여 전장의 주 무기로 자리 잡게 되었다.

개인화기의 발전

초기에 등장한 개인화기는 길이 10인치, 구경 25~45mm에 불과하였다. 이는 극히 소형이었기에 작동 및 조준이 힘들었고, 무엇보다도 총신이 너무 빨리 뜨거워져서 손으로 잡고 있기가 힘들었다. 14세기 중엽에 이르면 총신에 손잡이를 꽂은 일명 핸드 건이 등장하였으나 사격의 정확도는 여전히 형편없었다.

하지만 15세기에 접어들어 일명 소금에 절인 화약(corned powder, 탄소에 소금을 혼합)의 제조법이 발견되면서 화약무기가 크게 발전하게 되었다. 분말화약이 사용되면서 총신 내의 압력문제를 해결할 수 있었고, 보다 즉각적이고 균일한 형태의 폭발력도 얻을 수 있었다. 덕분에 구체적으로 두 가지 면이 개선되었다. 우선 화약투입구의 위치가 총신의 우측으로 옮겨졌고, 점화화약의 발화를 도와주는 팬이 부착되었다. 다음으로는 불심지(match, 화승)와 이의 보존에 필요한 발명품이 도입되었다. 불심지는 팬 안에 흩뿌려진 점화화약을 발화시키는 것으로 천 조각을 꼬아 초석에 적셨다가 건조시켜 만들었다. 조준을 하고 방아쇠를 당기면 불심지가 타들어가면서 화약이 채워진 약실에 불이 붙게 되고 폭발력이 발생하여 탄환을 발사하는 원리였다.

바로 격발장치에 이 불심지를 사용한 화승총(matchlock musket)이 등장하게 되었다. 서양에서 개인화기를 발전시키려는 노력은 주로 격발장치의 개선에 집중되었다. 초기에 등장한 화승총은 사거리가 100~200야드에 달하였지만, 몇 가지 문제를 안고 있었다. 무엇보다도 발사속도가 3분에 2발 정도로 기존의 장궁 및 석궁에 비해 느렸고, 불심지를 사용했기 때문에 우천 시에는 거의 무용지물이었다. 이외에도 연기, 냄새, 그리고 불씨 때문에 적군에게 쉽게 노출될 수 있다는 약점을

화승총 장전 모습

갖고 있었다.

따라서 이후 개인화기는 바로 이 격발장치를 개선하는 방향으로 집중되었다. 16세기에 접어들어 일명 차륜식 머스켓(wheellock musket)이 개발되었다. 이는 황철광이나 부싯돌을 강철에 그어 불꽃을 일으키면서 팬 속의 점화약을 발화시키는 기계적인 고안품이었다. 이제 불심지가 타들어가는 시간을 없앰으로써 소총수는 보다 정확한 조준사격을 가할 수가 있었다. 하지만 이것도 너무 정교한 탓에 여전히 발화의 문제를 안고 있었고, 무엇보다도 가격이 비쌌기 때문에 널리 보급되는 데 한계가 있었다. 따라서 특수보병대나 기병대 등 소수의 병력만이 이를 사용하고 나머지 일반 보병대는 기존의 화승총으로 무장하였다.

차륜식 머스켓에 이어서 수석식 머스켓(flintlock musket)으로 알려진 발전된 개인화기가 등장하였다. 이는 격침擊針과 약실이 결합된 형태로, 방아쇠를 당기면 용수철의 작용으로 격침이 불심지 대신에 들어 있던 부싯돌을 때리면서 약실에 담겨 있는 화약에 불꽃을 일으키는 방식으로 작동하였다. 그 덕분에 불씨를 보존하느라 신경 쓸 필요도 없었고, 비가 심하게 내리지 않는 한 우천 시에도 전투 수행이 가능해졌다.

초기에 개인화기는 부정확한 조준, 짧은 사정거리, 느린 발화율, 그리고 복잡한 조작법 등으로 인해 장궁이나 석궁보다 살상력이 떨어져서 많은 호응을 얻지 못하였다. 그리하여 전투 시에 개인화기로 무장한 병사들은 독립부대가 아닌 밀집 투창부대 속에 편제된 상태로 운용되었다. 당시 개인화기가 갖고 있던 제반 문제점으로 인해 16세기의 전장에서도 이는 보조무기에 머물렀고, 여전히 창과 활이 가장 치명적인 주 무기로 활용되었다. 17세기에 들어 전술적 운용 방식이 정교해진 덕분에 나름대로 전장에서 기여하긴 했지만, 개인화기가 제대로 위력을 발휘하기 시작한 것은 화약의 폭발력, 탄도학, 그리고 금속학 등의 발전이 어우러진 19세기 중엽 이후부터였다.

화포의 발전

화포가 전장에서 위력을 발휘하기 시작한 것은 백년전쟁이 마무리될 즈음이었다. 대표적으로 1453년에 벌어진 카스티용 전투에서 화포를 앞세운 프랑스군이 영국의 장궁부대에 대승을 거두었다. 왜냐하면 백년전쟁 초·중반에 영국군 승리의 주역이었던 장궁부대는 프랑스 기병에 비해 전술상의 우위를 점하고 있었지만, 근본적으로 방어적인 성격을 갖고 있었기 때문이다. 만일 기병이 돌격을 감행하지 않고 포진한 채 정중동하고 있다면, 장궁부대의 이점은 감소될 수밖에 없었다. 이처

럼 프랑스 기병대는 화포사격으로 영국군 진영이 와해된 시점
에 돌격을 감행하여 승리하였던 것이다.

화포 제작에 대한 기본지식은 13세기 말경에 중국에서 전
해졌지만, 이후 발전을 거듭하여 14세기 중엽에는 유럽 전역
으로 확산되었다. 초기에는 흑색화약을 사용하는 청동 화포가
제작되기 시작하였다. 이로써 구리, 아연, 그리고 주석 등과
같은 광물자원의 확보가 당시 통치자들의 주된 관심사가 되었
다. 이에 따라 중부 유럽 지역에 산재되어 있던 동광 및 은광
이 주목을 받게 되었다. 그러나 15세기 초에는 철제 화포가
제작되었고, 특히 1543년에 유럽 대륙에서 영국으로 건너간
일단의 화포 제작자들이 주철기술을 발전시킨 덕분에 보다 저
렴한 가격으로 철제 화포의 입수가 가능해졌다. 17세기 중엽
에 이르면 대부분의 화포가 철제화됨에 따라 구리에 대한 수
요는 거의 중단되었다.

초기에 화포 주조기술은 교회 종 제작기술에서 차용한 것
이었다. 이는 거푸집으로 만들어진 진흙 주형鑄型 안에 용광
로에서 용해시킨 금속을 쏟아 부은 다음에 식으면 주형을 깨
뜨려서 화포의 모형을 만들어내는 방법이었다. 그러나 이렇게
제작된 화포는 많은 단점을 안고 있었다. 우선 화포를 제작할
때마다 거푸집을 새로 만들어야 했고, 이로 인해 화포의 크기
나 성능이 균일하지 않았다. 설상가상으로 주형을 뜬 포신에
구멍을 뚫어서 포구를 만드는 작업도 만만치가 않았다. 당시
에는 기술 및 장비가 낙후되어 포구를 정확하게 뚫기가 매우

어려웠다. 이러한 이유들로 화포마다 그 성능에 차이가 생겨서 작전 수행에 상당한 어려움을 겪고 있었다.

14세기에 등장한 대표적인 중형 화포는 길이가 15~20피트로 청동이나 철로 주조된 짧은 포신의 봄바아드bombard였다. 이후에 공성용 화포는 철 주조술의 발달에 힘입어 점차로 포신이 길어지고 성능이 향상되었다. 또한 1450년경에는 포탄이 석환石丸에서 철환鐵丸으로 대체되어 투사물과 포구 간의 간격이 좁아진 덕분에 포구의 속력과 파괴력이 향상되었다. 점차 화포의 무게가 감소되면서 일반 지상전에서도 변화가 일어났다. 기동성을 살린 경량의 청동화포를 이용하여 프랑스군은 1515년 가을에 벌어진 마리그나노 전투에서 당시까지 무적을 자랑하던 스위스의 창병부대를 격파할 수가 있었다.

무엇보다도 화포의 발달은 중세의 축성술을 무용지물로 만들었다. 화포의 위력 앞에 아무리 견고한 성곽도 무력화될 수 있음을 가장 극명하게 보여준 사례는 터키군에 의한 콘스탄티노플의 함락이었다. 당시에 콘스탄티노플은 3중 성벽으로 구축되어 난공불락을 자랑하고 있었다. 하지만 헝가리 출신의 화포기술자 우르반이 만든 초대형 화포-포신 길이가 8m에 석환의 무게만도 600kg에 달함-의 포격에 육중하던 도시의 성벽이 무너지게

근대 초기의 대포

되었다. 콘스탄티노플의 함락을 통해 과시된 화포의 위력은 당시 유럽의 군주들에게 커다란 충격을 안겨 주었다.

이러한 발전에도 불구하고 전장에서 사용된 화포는 여전히 많은 한계를 안고 있었다. 가장 커다란 문제는 화포의 과도한 무게였다. 야전포로서 포병은 장거리 화력과 기동성을 구비해야만 했으나 사실상 이것은 불가능했다. 화포의 발사준비에 장시간이 소요됨은 물론이고 포 사격술 역시 부정확하였기 때문이다. 그러다보니 화포를 이동시키는 것도 문제였지만 그것을 발사상태로 거치하는 데도 너무 많은 시간이 소요되었다. 이러한 한계로 인해 16세기까지 화포를 이용하여 군사적 우세를 점하였던 프랑스의 헤게모니가 쇠퇴하고, 대신에 보병용 개인화기의 개발 및 운용에 주목한 스페인이 신흥 군사강국으로 부상하게 되었다.

물론 화포는 17세기에 이르기까지 전장에서 계속하여 사용되었고, 나름대로 제작기술도 발달하였다. 하지만 사거리, 파괴력, 그리고 화포의 기본모형은 거의 2세기 이상 별다른 변함이 없이 유지되었고, 단지 전술이나 포 사격술 측면에서 개선이 다소 이루어졌을 뿐이었다. 화포가 전장에서 핵심적 무기로 부상하기 위해서는 18세기 중엽에 프랑스에서 시도된 그리보발Gribeauval 장군의 개혁 작업을 기다려야만 했다.

17세기 '군사혁명' 시대의 무기와 전술

'군사혁명' 논쟁

16세기에 접어들어 절대왕정의 기틀이 확립돼 가면서 국가통치와 정복전쟁이 절대주의 국가들을 중심으로 전개되기 시작하였다. 실제로 15세기 말부터 유럽 대륙에서 스페인과 프랑스가 강대국으로 부상하면서 군사적인 면에서도 중요한 변화가 일어났다. 각종 군사기술의 발전, 병력규모의 증가, 그리고 국제관계상의 변화 등은 전쟁을 장기전으로 몰고 갔다. 이에 따라 대규모의 병력과 물자보급 등을 감당할 여력이 거의 없던 봉건영주나 소규모 도시국가들은 정치적 독립을 상실해 갔고, 그 대신에 시대적 변화에 부응하는 자원을 보유하고 있던 대규모 영토국가들이 유럽에서 헤게모니를 장악하게 되었다. 로버츠Michael Roberts, 파커G. Parker, 그리고 블랙J. Black 등과 같은 역사가들은 16세기 중엽에 시작된 이러한 변화를 '군사혁명(military revolution)'으로 정의하면서 지속적으로 논쟁을 전개해 오고 있다.

'군사혁명'의 논지를 처음으로 역사학계에 제기한 학자는 마이클 로버츠였다. 그는 1955년에 북아일랜드의 한 대학에서 개최된 학술대회에서, 16~17세기의 유럽에서는 그 이전과 비교하여 군사적 측면에서 매우 중요하고 거대한 변화가 일어났다고 주장하였다. 우선 개인화기가 장창을 대체하는 식의 무기발달상 변화가 일어났고, 이로 인해 종래 무력의 주축을 이루던 소규모 봉건기사군이 쇠퇴하고 엄청난 숫자로 증가한 보병이 군 병력의 주축이 되었다는 것이다. 그러다보니 대규모 병력을 효율적으로 운용하기 위해 수준 높은 전술과 전략이 개발되었음은 물론 병사의 모집과 무장, 보급 등이 초래한 군사적 측면의 변화가 당시 유럽 사회의 제 분야에 커다란 영향을 미쳤다고 그는 주장했다.

무엇보다도 군대의 규모가 엄청나게 증가함에 따라 이를 유지하기 위해 공공지출에서 군사비가 차지하는 비중이 급증하였다. 한 예로 루이 14세 시대에 프랑스는 75%를, 그리고 표트르 대제 치하의 러시아는 무려 85%를 군사비로 지출할 정도였다. 가히 국가 전체가 군대를 위해, 직접적으로는 전쟁 수행을 위해 거의 국부 전체를 쏟아 붓고 있었던 것이다. 이를 입증이라도 하듯이 유럽 역사에서 가장 전쟁이 빈번하던 시기도 군사혁명이 일어난 바로 16~18세기로서, 이 기간 동안에는 매 3년 간격으로 새로운 전쟁이 발발할 정도였다.

스페인의 유럽 제패 비결 : 소총병과 창병의 결합

16세기는 일찍이 절대주의 국가체제를 완성한 스페인이 유럽의 패권을 장악한 세기였다. 1469년 이사벨라 1세와 페르디난트 2세의 정략결혼은 스페인을 강대국으로 부상시키는 기폭제가 되었지만, 스페인 대두의 진정한 요인은 군사적 측면에 있었다. 스페인은 경쟁국 프랑스에 비해 한발 앞서서 새로운 군사기술을 개발하고 이를 실전에 적용함으로써 거의 1세기 이상이나 유럽을 호령할 수가 있었다.

그렇다면 구체적으로 무엇을 어떻게 발전시켰단 말인가? 한마디로 소총의 도입과 이에 어울리는 보병체제의 확립으로 요약할 수 있다. 스페인은 기후가 건조하고 토양이 척박한 탓에 기사용 말을 사육하기가 부적합하여 상대적으로 유럽의 다른 국가들에 비해 기사 계급의 발전이 미약하였다. 그 덕분에 프랑스와는 달리 보병을 천시하는 전통이 약하여 귀족들도 보병으로 복무하는 것을 수치스럽게 여기지 않았다. 스페인 보병군이 사용한 기본무기는 장창(pike)과 방패였지만, 아퀘부스라는 화승총을 혼용하면서 그 위력을 발휘하기 시작하였다.

스페인 보병군의 기본대형은 테르쇼tercio 조직이었다. 이는 장창병을 양쪽에 그리고 소총병을 중앙에 배치하는 정방형 대형의 병력운용 단위였다. 한마디로 스위스의 창병전술과 화승총을 결합시킨 전투대형인 이 신전술을 창안한 인물은 곤살보 데 코르도바Gonsalvo de Cordoba였다. 적 기마병의 돌격을 야전축성과 창병을 이용하여 저지하고 화승총으로 적의 예봉을 꺾은 다음에 재차 창병 공격으로 적을 궤멸시키는 방식인 이 전술을 사용하면, 무엇보다도 창병을 이용하여 재장전 시 적에게 노출될 수밖에 없는 소총수들을 보호할 수 있었다. 초기에는 소총병과 창병의 비율이 1:6 정도였으나, 후기로 가면서 소총병의 비율이 점차로 높아졌다.

16세기 중엽에 스페인은 이러한 신개념의 병력운용 전술을 이용하여 유럽 내에서 우월한 지위를 차지할 수 있었다. 이는 곧 유럽 각지로 전파되어 병력운용에 관한 일종의 기본모형으로 자리매김되었다. 16세기에 걸쳐서 스페인군의 우위를 보장해 준 테르쇼는 기본적으로 장창과 화승총의 혼합부대로서 단병기와 장병기의 혼합운용이라고 볼 수 있다. 화승총이 도입된 이후에도 장창은 소총병들이 재장전하는 동안에 적 기마병의 돌격을 막는 역할을 하였기에 장기간 그 효용성을 잃지 않고 있었다. 격발장치의 발달로 개인화기의 발사속도가 빨라진 이후에야 장창은 전장에서 모습을 감추게 되었다.

무기 발달이 가져온 보병전술상의 변혁

16세기부터 개인화기가 본격적으로 사용되기 시작하면서 이의 효과적인 운용법이 개발되기 시작하였다. 맨 먼저 등장한 인물은 '일제사격법(volley)'을 고안한 마우리츠Maurice of Nassau (1567~1625)였다. 스페인의 지배에서 벗어나기 위해 투쟁하고 있던 네덜란드에서 활약한 그는 고대 로마의 전술을 연구하던 중에 바로 이 새로운 사격술을 터득하였다. 이는 소총의 느린 장전속도를 보완하기 위한 방법이었다. 일제사격법은 소총병들을 여러 줄로 배치한 다음 제1열의 사수들이 사격을 하고 일단 뒤로 물러나 장전하는 동안 제2열의 사수가 제1열로 나서서 사격을 하고 후퇴하면 또 다시 제3열의 사수가 제1열로 나아가 사격함으로써 연속 사격이 가능한, 당시로서는 매우 획기적인 방식이었다.

하지만 이를 위해서는 각개 병사들에 대한 정교한 훈련과 단합된 행동은 물론이고 적과 대치해서도 일제사격에 필요한 대열을 유지할 수 있는 불굴의 정신력, 완벽한 협조 및 숙달된 행동 등이 요구되었다. 한마디로 이 전투대형이 효과를 발휘하기 위해서는 전술 단위부대가 하나의 기계처럼 일사불란하게 움직여야만 했다. 이를 위해서는 병사들이 각자의 개성을 드러내지 않고 지휘관의 명령에 즉각적으로 복종할 수 있는 자세를 갖추는 것이 필수적이었다.

병사들을 단위부대 조직의 부품으로 만들기 위해서는 무엇보다도 장기적이며 반복적인 훈련이 요구되었다. 하지만 이를 위해서는 평시에도 병사들을 병영에 주둔시켜야만 했는데, 이는 무엇보다도 용병 신분이었던 이들에 대한 급료 지급의 확신이 선행될 경우에 가능하였다. 당시에 마우리츠의 활동무대였던 네덜란드는 상업적으로 번성하고 있던 도시국가들의 연합체였기에 이러한 변화를 시도할 수가 있었다. 그가 개혁한 네덜란드 군대는 체계화를 통해 국가의 효율성을 높이고자 한 당시 네덜란드 사회의 분위기를 그대로 반영하는 것이었다.

그러나 마우리츠의 신형 전술은 장창과 소총을 혼합 운용할 때에 초래되는 경직성을 완전히 극복하지 못했다. 즉, 창병들이 일제사격을 위해 분주하게 움직이는 소총병들과 보조를 이루며 엄호임무를 수행하기에는 역부족이었던 것이다. 또한 개별 보병부대의 규모가 상대적으로 축소되어 작전 수행상 융통성을 가질 수는 있었지만, 독립작전을 수행하기에는 그 규모가 너무 작았다. 그의 신형 전술은 근본적으로 방어에 유리한 것이었다.

이 문제점을 해결한 인물은 보병대와 창병을 결합하여 운용한 스웨덴의 구스타푸스 아돌푸스Gustavus Adolphus(재위 1616~1632)였다. 마우리츠가 이룩한 변혁은 기본적으로 방어적 성격의 것이었고, 중심병력도 급료를 받는 용병군이었기에 이들이 벌이는 전투는 그 성격이나 기간에 상당한 제약을 받을 수밖에 없었다. 이에 비해 전자는 병사들에 대한 집중적인 훈련을 통해 종심 10열에서 종심 6열로 줄어든 공격적인 야전 전

구스타푸스 아돌푸스 군대의 전투장면

투대형과 전술을 개발하였다. 또한 그는 징병제를 체계화하여 역사상 최초로 근대적인 국민군과 유사한 군대를 만들었으며, 무기와 다른 장비들을 표준화함으로써 전술적인 구상에 따른 병력운용을 가능케 하였다. 이러한 변혁을 통해 군사력을 강화한 그의 스웨덴군은 브라이텐펠트 전투(1631)에서 틸리 백작이 지휘한 스페인의 정예 테르쇼군을 완파할 수가 있었다.

　구스타푸스 아돌푸스의 뒤를 이어서 유럽에서 군사개혁을 선도한 인물은 프로이센 국왕 프리드리히 2세Friedrich II(재위 1740~1786)였다. 그는 이른바 선형線形대형을 완성하여 군대의 전투력을 크게 향상시키고, 이를 발판으로 변방에 불과하던 프로이센을 유럽의 강국으로 발돋움시켰다. 무엇보다도 그는 굳건한 장교단과 엄정한 군기의 병사들을 바탕으로 신 전술을 숙달하여 무적의 군대를 육성하였다. 그는 소총병들을 3열의 선형대형으로 정렬 배치하여 근거리에서 신속하게 일제사격을 가할 수 있도록 했다.

선형대형으로의 변화를 가능하게 만든 핵심 요인은 개인화기의 개량과 그에 따른 보병전술의 발전이었다. 앞에서 살펴본 바와 같이, 도화선을 사용하는 머스켓(matchlock)의 경우에 높은 불발률로 적 기마병의 돌격에 취약하였기에 밀집대형을 이룬 창병의 보호가 필요하였다. 하지만 섬광으로 화약을 점화시키는 새로운 격발법(flintlock)을 사용하는 머스켓의 개발로 장전속도가 향상되면서 이제 소총병은 창병의 엄호로부터 벗어날 수 있었다. 이제 개인화기로 무장한 보병부대를 이용한 공격적 전투대형의 유지가 가능해진 것이었다. 이 신형 군대를 지휘하여 프리드리히는 로이든 전투(1757)에서 프랑스군과 오스트리아군을 대파할 수가 있었다.

물론 그의 군대에도 문제점은 있었다. 우선 종심이 얕은 선형대형으로 편성된 탓에 부대 이동속도가 느렸고, 실제 전투를 위해서는 넓은 개활지가 필요하였다. 또한 횡렬로 길게 늘어선 선형대형으로는 퇴각하는 적군을 끝까지 추격하여 궤멸시키기가 어려웠다. 더욱이 급격한 돌격 시에 벌어지는 혼란 상황은 병사들이 탈주하기에 좋은 기회가 되었기에, 퇴각하는 적에 대한 추격을 공식적으로 금할 정도였다. 이러한 한계로 인해 18세기 동안 놀라운 위력을 발휘한 프로이센군은 19세기에 접어들면서 시민혁명을 통해 애국심으로 무장한 프랑스 국민군에 밀려나게 된다.

재정이라는 아킬레스건

16세기 중반부터 시작된 보병부대 규모의 증가는 당시 유럽 각국에서 일어난 중요한 변화였다. 이를 가능케 한 요인에는 여러 가지가 있지만, 무엇보다도 각국의 재정확보 및 관리 능력이 크게 향상된 점을 들 수 있다. 즉, 대규모 병력을 동원하기 위해서는 상당한 규모의 자금 동원이 요구되었는데, 이는 국가의 조세제도 및 체계적인 집행능력의 뒷받침 없이는 불가능하였던 것이다.

일찍이 로마의 키케로가 "돈은 전쟁의 힘줄이다"라고 설파하였듯이 재정은 군사력과 직결되었다. 중세에는 봉건기사들의 의무 복무를 근간으로 전쟁이 수행되었기에 상대적으로 국왕의 부담이 덜하였다. 하지만 절대왕정하에서는 국왕이 직접 병력을 충원하고 병사들에게 필요한 장비 및 보급품을 제공해야 함은 물론 전투수당까지 지불해야만 했기에 전쟁 수행에는 막대한 자금이 소요되었다. 더구나 병력규모가 커지고 전투수행 기간이 장기화됨은 물론 화포의 구입이나 축성을 위한 비용조차도 군주가 충당해야만 했기 때문에 전비 규모는 기하급수적으로 늘어났다.

이러한 전비는 주로 국내 조세로 충당되어야 했다. 당시의 낮은 경제발전과 미흡한 조세제도를 감안할 때 각국의 군주들은 엄청난 재정 압박에 시달렸을 것으로 짐작된다. 물론 필요 시 그들은 푸거가문과 같은 민간 금융업자들로부터 거액의 돈을 차용하거나 발렌슈타인Albrecht von Wallenstein과 같은 군사청부업자들을 활용할 수도 있었다. 하지만 이는 예외적인 경우이고 통상적으로 재원의 제약이 있다 보니, 프랑스혁명 이전에 벌어진 충돌은 그 성격상 제한전쟁이 될 수밖에 없었다.

나폴레옹의 유럽 제패와 그 비결

나폴레옹 시대의 개막

군사혁명의 시대를 거치면서 전쟁이 근대전의 성격을 띠게 되었고, 이에 따라 다수의 뛰어난 군사지도자 및 이론가들이 등장하게 되었다. 아마도 대부분의 사람들은 이들 중의 대표적인 인물로 나폴레옹Napoleon Bonaparte(1769~1821)을 꼽는 데 주저하지 않을 것이다. 약 15년간 유럽 대륙을 좌지우지하면서 나폴레옹은 실전을 통해 누구도 필적하기 어려운 천재적 군사전략가로서의 위치를 확립하였다.

나폴레옹의 군사작전을 통해서 바야흐로 전쟁의 성격은 제한전에서 섬멸전으로 바뀌었다. 18세기말 이전까지의 전쟁은

－물론 교전 당사국들은 가용한 모든 자원을 동원하였지만－
기본적으로 제한전쟁으로 전개되었다. 무엇보다도 당시까지
무기, 교통 및 통신수단과 같은 전쟁 관련 기술은 물론이고 행
정조직의 미발달로 인해 전쟁수행을 위한 자원동원은 제약을
받을 수밖에 없었다. 이것이 1789년 프랑스혁명으로 등장한
프랑스 국민군과 나폴레옹이라는 군사천재에 의해 극복되어
19세기의 전쟁은 섬멸전의 성격을 갖게 되었다.

그러나 그 역시 혼자 힘으로 싸운 것은 아니었다. 또한 모
든 것을 무無에서 유有로 만든 것은 더더욱 아니었다. 다시 말
해, 그는 당시 프랑스군의 군사전통과 무기체계를 발판으로
삼아 자신의 전략전술을 발휘하였던 것이다. 예컨대, 나폴레
옹 군대의 기본대형이었던 종대대형(column)은 18세기에 스웨
덴이나 프로이센의 선형대형에 대응하여 프랑스군이 우직하
게 고수해온 전투대형이었다. 이는 융통성이 높아서 신속한
이동과 전환이 용이하였고, 굴곡진 지형에서는 선형대형에 비
해 보다 효과적이었다. 또한 나폴레옹이 지휘한 프랑스군은
급료의 액수에 좌우된 용병부대가 아니라 프랑스혁명 시에 징
집되어 조국수호의 애국심으로 무장한 국민군이었다.

그렇다면 나폴레옹은 이러한 프랑스군을 어떻게 운용하였
기에 그토록 눈부신 승리를 거둘 수 있었는가? 나폴레옹이 자
신의 전략전술을 구사하는 데 그 바탕을 이룬 무기발달상의
특징은 무엇인가? 그리고 나폴레옹은 19세기 이후의 군대에
어떠한 영향을 주었는가?

나폴레옹과 그의 전쟁

　군사천재로 이름을 날린 나폴레옹은 1769년에 지중해의 작은 섬 코르시카에서 출생하였다. 그곳에서 어린 시절을 보낸 나폴레옹은 10대의 나이에 고향을 떠나 프랑스 파리의 브리엔느 사관학교에 입학하였고, 6년 뒤인 1785년에 포병소위로 임관되었다. 청년장교 시절부터 계몽주의에 물들어 있던 나폴레옹이 군에서 두각을 나타내기 시작한 것은 1795년에 툴롱 항에서 일어난 대규모 시위를 자신의 포병대로 진압한 이후부터였다. 로베스 피에르의 공포정치 이후 새롭게 들어선 총재정부로부터 그 공로를 인정받은 나폴레옹은 일약 장군으로 승진하게 되었고, 곧이어 이탈리아 원정군 사령관으로 임명되었다.

　이후 그는 각국 군대와의 전투에서 연전연승을 거두면서 전국적인 명성을 얻게 되었다. 마침내 원정 중이던 이집트에서 몰래 파리로 귀환한 나폴레옹은 1799년 11월에 쿠데타를 일으켜 정치적 실권을 장악하고, 5년 후에는 스스로 황제의 자리에 오르게 된다. 통치기간 동안에 그는 법전을 편찬하고 로마 교황청과의 관계를 개선하는 등 내치內治에도 관심을 기울였지만, 무엇보다도 외치外治에 커다란 족적을 남겼다.

　1799년에 쿠데타로 집권한 나폴레옹이 주변 열강들 - 오스트리아, 프로이센, 러시아, 영국 - 과 치른 전쟁을 총칭하여 나폴레옹 전쟁이라고 부른다. 약 15년간 지속된 이 전쟁은 이후 서양의 전략전술 및 무기발달에 중요한 기여를 하였다. 우선

나폴레옹의 아우스테를리츠 전투장면

나폴레옹은 당시까지 횡대와 종대 중에서 어느 한쪽으로만 편향된 전투대형을 혼합 운용함으로써 인적 자원을 최대한 활용하였다. 또한 머스켓 소총의 총신 내부에 강선을 만들어 넣어 사격의 정확도를 높이고, 화포에 기동성을 부과하여 집중 배치를 통한 화력의 극대화를 꾀하였다.

화포의 체계적인 활용이야말로 나폴레옹 전술의 가장 두드러진 특징이라 할 수 있다. 나폴레옹은 포병장교 출신답게 화포의 중요성을 십분 인식하고 이를 집중적으로 운용하였다. 특히 포병을 전진배치하여 공격준비사격을 실시하고, 이어서 보병을 전진시키는 방식으로 상당한 효과를 거두었다. 하지만 이러한 화포의 운용은 그가 창시한 것이라기보다는 이미 프랑스혁명 이전에 이룩된 성과를 효과적으로 활용한 것에 불과했다.

화포의 개량과 전술 발전

나폴레옹은 뛰어난 포병 운용술에 힘입어 승승장구할 수 있었다. 주변의 다른 강대국들에 비해 당시 프랑스군의 포병 전력은 앞서 있었다. 하지만 이러한 프랑스군 포병의 우위는 전적으로 나폴레옹에 의해서 이루어진 것이 아니라, 실제적으로는 18세기 중엽부터 추진되어온 군 개혁과 기술적 개량에 힘입은 바 컸다.

프랑스군이 특별히 포병 분야를 혁신한 이유는 무엇인가? 7년 전쟁(1756~1763)에서 영국군과 동맹관계에 있던 프로이센군에게 참패를 당한 프랑스는 대폭적인 군 개혁을 단행하였다. 그중 가장 두드러진 성과는 화포 제작방법의 개량과 이에 따른 포병전술의 발전이었다.

포병전술을 개선하려는 노력은 18세기 초에 시도된 화포의 표준화 작업으로부터 시작되었다. 당시에는 화포 제작기술상의 한계로 인해 포신의 두께를 균일하게 만들 수 없었다. 따라서 발사 시에 발생하는 폭발력으로 인해 포신 자체가 파열되는 경우가 있었고, 가스 유출로 인해 포격의 정확도도 떨어졌다. 이러한 약점을 보완하느라 포신의 부피가 커졌는데, 이는 화포의 무게를 증가시켜서 포병부대의 기동성을 떨어뜨렸다. 이로 인해 화포는 보병부대 지원보다는 방어용 및 성채 공격용이라는 전통적인 활용 범위를 벗어나지 못하고 있었다.

화포가 전장에서 합당한 역할을 수행하기 위해서는 이러한 문제를 해결할 수 있는 기술적 진전이 필요하였다. 이러한 병목현상을 타파하는 데 기여한 것이 바로 '포열 천공법'이었다. 1740년경에 장 마리츠Jean Maritz 부자父子가 개발한 이 방법은 주물로 만들어진 포신에 드릴로 구멍을 뚫어 포열을 제작하는 것이었다. 이 신기술 덕분에 전체적으로 포신의 두께가 균일해져서 포구 내부에서 포열이 폭발하는 불상사가 크게 줄어들었다. 또한 동일한 구경을 가진 화포 제작이 가능해짐으로써 일정하게 유지되는 탄도를 기반으로 한, 보다 정확한 일제사격도 가능해졌다. 마지막으로 성능은 그대로 유지한 채 소형의 경량 화포 제작이 가능해져 기동성이 높아졌고, 그 덕분에 화포를 야전 공격용으로 사용할 수 있게 되었다.

그러나 이러한 화포제작 기술의 발전이 진정한 효과를 발휘하기 위해서는 또 다른 인물이 필요하였는데, 그가 바로 프랑스군의 그리보발(1715~1789) 장군이었다. 우선 그는 포신 및 구경의 크기를 줄여 화포를 경량화시킴으로써 포병부대의 기동성을 향상시켰다. 그리고 화포 이동에 필요한 운반용 포가砲架를 개량하여 그 성능을 높였고, 견인력도 황소가 아닌 두 줄로 끄는 말로 대체하였다. 이외에도 조준장치 및 사격각도를 정확히 반복적으로 변경시킬 수 있는 장치를 부착하고, 포탄 무게도 통일하여 발사속도를 단축하고 효율성을 높였다. 이러한 그의 표준화 작업 덕분에 행군 시 포병부대는 보병과 보조를 맞출 수 있게 되었고, 전장에서 포병이 차지하는 비중이 점차로 높아지게 되었다.

프랑스혁명 이전부터 진행되어온 이러한 개혁 작업의 토대 위에서 나폴레옹이 이룩한 업적들은 무엇인가? 나폴레옹군이 유럽의 경쟁국 군대에 비해 갖고 있던 가장 두드러진 강점은 고도의 기동력이었다. 이를 위해 그는 자신의 군대에 대한 평소 훈련의 강도를 강화하였다. 즉, 행군 속도를 기존 1분당 70보에서 120보로 높여서 얻은 신속한 기동속도를 바탕으로 전투 개시 전에 유리한 전략적 고지를 선점할 수가 있었다. 또한 효과적인 병력 운용을 위해 그동안 독립적으로 운용되던 보병, 포병, 그리고 기병을 하나의 사단으로 혼합 편성하여 제병 협동전술을 발전시켰다.

그 자신이 포병장교 출신이었던 나폴레옹 특유의 화포 운용에 대한 전술적 감각과 지휘는 매우 중요한 역할을 하였다. 그는 유리한 위치를 선점하고 다량의 화포를 집중적으로 배치 및 운용하여 접전이 이루어지기 이전에 적의 대형을 와해시켰다. 예컨대, 보로디노 전투에서는 200문의 화포를 집중 배치하여 보병대의 공격 전에 집중 포격을 가함으로써 적군의 전열을 와해시키는 데 성공하였다. 이어서 곧바로 보병부대를 진격시키는 전투방식을 사용하여 전장에서 포병의 입지를 높였다.

나폴레옹은 기병의 역할에도 변화를 가하였다. 정찰 및 엄호라는 기존의 보조적인 임무를 벗어나서 기병의 장기인 속도를 활용하여 전투 초반에 적진으로 돌격, 적군의 대형을 와해시키는 임무를 부과하였다. 이를 위해 나폴레옹은 기병의 조직을 개편하여 경장기병은 새로 편제된 사단(6,000~9,000명)에 속하게 하고, 몸통을 흉갑으로 두르고 기병용 칼로 무장한 중장기병은 독립부대로 편성하여 전투 시 적진을 돌파하는 데 활용하였다.

이처럼 나폴레옹은 부대의 제 분야에 변화를 가하였다. 그가 구사한 작전술의 핵심은 집중과 기동으로 요약할 수가 있다. 무엇보다도 구스타푸스 아돌푸스가 개인화기에 적용한 일제사격법을 화포에 응용하여 그 위력을 극대화하였다. 기술상으로 여전히 많은 문제점을 갖고 있었지만 나폴레옹이라는 군사천재 덕분에 이제 화포는 전장의 주역이 되었다.

나폴레옹의 유산

무기발달의 관점에서 볼 때 나폴레옹 전쟁 시기에 신형무기가 등장했거나 무기의 위력이 크게 향상된 것은 아니었다. 하지만 그는 화포가 개인화기보다 우위에 있음을 실전을 통해 입증하였다. 무엇보다도 화포를 집중적으로 운용하여 접전 초기에 적의 대형을 와해시키고 전투력 소모를 꾀해 아군 보병부대 작전을 보다 용이하게 만들어주었다. 이러한 나폴레옹의 포병 운용은 곧 유럽 각국으로 전파되었고, 이제 전투 시 포병 화력의 이용은 기본적인 요건이 되었다.

나폴레옹은 화약의 사용 이래 분리되어 발전해온 무기, 전술, 교리 등 군사연구의 핵심 내용들을 통합하고 이를 머스켓 소총과 활강식 화포의 잠재력을 최대한 활용하여 실행에 옮겼다. 한마디로 보병대와 기병대를 적절하게 조화시켜 활용하는 전술을 완성한 것이었다.

19세기 산업화의 진전과 무기발달

산업혁명의 군사적 영향

18세기 중엽에 섬나라 영국에서 시작되어 19세기 중반까지 유럽 각국으로 파급된 산업혁명은 사회·경제는 물론 군사 면에도 중요한 영향을 끼쳤다. 산업혁명의 성과가 가시화되기 이전에도 다양한 변화들이 군사 분야의 발전에 기여하였지만 이는 근본적으로 기존 가용자원 규모에서 이루어졌다. 18세기까지는 기술 및 경제발전의 수준이 상대적으로 낮아서 전쟁에 동원될 수 있던 인적 및 물적 자원이 제한될 수밖에 없었다. 산업혁명 이전 시대의 전쟁에서 가장 긴요한 문제는 용병 고용 및 군수품 조달 등을 위한 풍부한 재정의 확보였다.

그러나 19세기에 접어들어서는- 물론 재정 확보에 대한 관심이 줄어든 것은 아니지만- 무기제작 기술 및 무기와 병력의 운송수단 개발이 중요한 문제로 대두되었는데, 이를 해결해 준 것이 바로 전쟁의 산업화였다. 물론 산업혁명으로 인한 기술혁신을 군사 면에 활용하는 문제는 각국마다 시차를 두고 이루어졌지만, 19세기 중엽에 이르면 산업화의 군사적 효용은 분명하게 가시화되었다. 산업화가 전쟁에 미친 영향은 기본적으로 기술발전을 통한 것이지만, 이는 직접적 살상무기의 기술적 개량이라는 측면 및 철도의 부설과 같은 대량 운송수단의 발전이라는 측면으로 구분할 수가 있다. 따라서 이 장에서는 우선 산업혁명 시기에 이룩된 무기발달을 개인화기 및 화포를 중심으로 살펴보고, 이어서 철도 부설의 확대가 각국의 군사전략 형성에 미친 영향을 고찰해 볼 것이다.

개인화기의 개량과 전술 변화

19세기 중반에 이르기까지 유럽 각국에서 병사의 개인화기와 관련하여 주목할 만한 기술적 발전은 없었다. 화승총의 등장 이래 격발장치의 개량이 지속적으로 이루어져 왔지만, 병사들은 여전히 1600년대부터 사용되어온 활강식(smoothbore) 총열의 전장식前裝式(muzzle loading) 머스켓 소총으로 무장하고 있었다. 이러한 개인화기는 유효사거리가 200야드에 불과하였고 사격의 정확도도 마찬가지로 뒤떨어졌으나, 이를 극복할 만한 별다른 기술발전이 없이 거의 2세기 동안이나 사용되어 왔다. 물론 활강식 머스켓 소총에 비해 정확도와 유효사거리 등의 면에서 월등한 성능을 갖고 있던 라이플(나선형의 총열) 소총이 있었지만, 이는 제작비가 고가이고 특히 탄환 장전시에 상대적으로 긴 시간이 필요하였기에 저격병과 같은 특수임무자들에게만 지급되었다.

그러나 19세기 중반에 이르러 개인화기 분야에서 이러한 답보 상태를 타파하는 중요한 변화가 일어났다. 프랑스군 장교였던 미니에Claude Etienne Minie가 발명한 일명 '미니에 탄환'이라고 불린 신형 탄환의 등장이 그것이었다. 원래 기존의 전장식 소총에 사용할 목적으로 개발된 이 탄환은 직경 크기가 총열의 구경보다 약간 작아서 총구를 통해 수월하게 장전할 수 있던 반면, 비어 있는 탄환의 후미는 격발 시 화약의 압력을 받으면 확장되어 총열의 내부 표면에 정확하게 들어맞도록 만들어졌다. 따라서 탄환이 총열의 내부를 따라 움직이게 되므로 발사 시에 보다 안정된 탄도를 그릴 수가 있었다.

이 신형 탄환은 때마침 일어난 크리미아 전쟁(1853~1856)에서 그 진가가 입증되었다. 미니에 탄환의 우수한 성능을 실제로 경험한 유럽 각국은 서둘러 이를 자국 군대의 표준용 탄환으로 채택하였다. 예컨대 1851년에 영국군이 미니에로부터 이 탄환의 특허권을 구입하여 크리미아 원정대를 라이플 소총으로 무장시킨 것을 필두로 미국(1855), 프로이센(1856), 그리고 프랑스(1857)가 이를 표준으로 삼았다.

미니에 탄환과 더불어 19세기 중반 이후에 소총 발달에 기여한 또 다른 기술적 진보가 프로이센군에 의해 이루어졌다. 1866년에 벌어진 오스트리아와의 전쟁에서 후장식後裝式 (breech loading) 소총으로 무장한 프로이센군이 오스트리아군을 대파하였다. 제작자(Johann von Dreyse)의 이름을 따서 '드라이제 소총'으로 불린 이 신형 소총은 격발 시 탄환의 뇌관을 때리는 장치가 뾰족한 바늘모양인지라 일명 '바늘 총(needle gun)'으로도 알려져 있다. 이 소총으로 무장한 덕분에 엎드린 자세로 장전이 가능하였던 프로이센군은 전장식 소총이라 직립자세로 전투에 임할 수밖에 없었던 오스트리아군에 비해 매우 유리한 입장에서 전투를 수행할 수 있었다. 이외에도 이 시기에 이르러 소총의 사정거리도 길어지고(최대 1,000야드) 명중률도 향상되어 전투 시 직립자세를 취할 경우에 치명상을 입을 확률이 높아졌다.

이러한 기술적 진보는 전투양상의 변화에도 영향을 미쳐, 화약무기의 등장 이래 공격 위주로 전개되어온 전투방식은 점차로 방어중심으로 전환되었다. 우선 원거리 조준사격을 피하기 위해 신형 야전축성 방식이 도입되면서 참호전이 발전하였고, 전투 시 병사들의 복장이 기존의 화려한 색깔에서 눈에 덜 띄는 어두운 색깔로 바뀌기 시작하였다. 무엇보다도 기병에서 보병으로 무게중심이 옮겨진 이래 병력운영의 기본을 이루었던 밀집대형이 점증하는 화력의 위협에 직면하여 점차로 모습을 감추게 되었다.

소총의 기술적 개량과 더불어 크리미아 전쟁을 계기로 소화기의 대량생산 방식이 출현하였다. 대표적으로 산업혁명의 선도국가였던 영국의 경우를 꼽을 수가 있다. 1850년대에 영국은 그동안 버밍엄 및 런던에서 장인조직을 중심으로 이루어져 오던 수공업적 총기제작 방식을 미국식의 대량생산 방식으로 전환하였다. 정부 차원에서도 이러한 변화를 적극 수용하였다. 영국 정부는 엔필드Enfield에 최신식 병기공장을 신설하고, 기존의 울위치Woolwich 국영 병기공장에는 미니에 탄환을 대량으로 생산할 수 있는 시설을 구비하였다.

이외에도 이 시기에는 무기발달 면에서 다양한 발명들이 이루어졌다. 한 예로, 비록 그 성능은 여전히 문제가 되었지만, 1850년에는 금속제 소화기용 탄약통(cartridge cases)이 제작되어 부분적으로 보급되기 시작하였다. 또한 금속으로 강타하면 즉시 폭발하여 화약까지 섬광을 전달하는 수은뇌산염의 개발 덕분에 19세기 초엽부터 제한적이나마 뇌관雷管(percussion cap)이 모습을 보이게 되었다.

제련기술 혁신과 화포의 발전

개인화기의 경우와 마찬가지로 화포 제작도 크리미아 전쟁을 계기로 전환점을 맞게 되었다. 이 시기에 많은 무기제조업자들이 활동하였는데, 그중 가장 유명했던 인물은 최대 규모의 화포 제작자인 암스트롱W. Armstrong이었다. 원래 영국 뉴

캐슬의 탄광지대
에서 수력기중기
제작자로 명성을
날리던 그는 이
제 영국을 대표
하는 무기생산업

암스트롱사가 제작한 대포

자 및 판매자로 명성을 날리게 되었다. 그는 기존의 육중한 활
강식 화포 대신에 소형의 후장식 강선형 화포를 제작하여 판
매하기 시작하였다. 곧 제품의 우수한 성능을 인정받게 된 암
스트롱은 1857~1861년 사이에 무려 1,600문의 신형화포를
영국군에 납품할 수 있었다.

화포의 개량은 양질의 철 생산과 불가분의 관계에 있다. 경
량의 단단한 철이 있어야만 구경口經을 작게 하더라도 강력한
화력을 가진 화포를 제작할 수 있었다. 폭발력이 강한 포탄을
발사하는 소형화포의 제작이 전적으로 염가의 강철 생산에 달
렸음을 인식한 베세머Henry Bessemer(1813~1898)는 수차례의
시행착오 끝에 마침내 1857년에 새로운 강철제조 방식을 알
아냈다. 베세머법으로 알려진 그의 강철 제련법은 물론 기존
의 기술적 발전에 그 뿌리를 두고 있었지만, 양질의 강철을 대
량으로 생산할 수 있는 길을 연 것은 베세머였다. 그의 발명
덕분에 강철 가격이 과거의 단철 가격 수준으로 저렴해짐에
따라 기존의 화포 제작방식에는 일대 변화가 일어났다.

물론 베세머법도 나름대로 문제를 안고 있었다. 무엇보다도 철광석에 들어 있는 인燐을 제거하는 데 드는 비용이 만만치 않았다. 따라서 손익계산을 염두에 둘 경우에 베세머법은 대량 보급에 제약을 받게 되었다. 이러한 문제점을 해결하려는 노력이 독일에서 결실을 맺게 되었다. 즉, 1860년경에 지멘스-마틴Siemens-Martin 방식이 소개되었고, 이를 바탕으로 독일의 크루프 제철소에서 제작된 화포가 보불전쟁(1870~1871)에서 그 위력을 발휘하기에 이르렀다.

화포의 발전에 영향을 미친 또 다른 요소는 탄도학이었다. 16세기에 활동한 수학자이자 탄도학의 창시자로 평가되는 타르타글리아 이래로 수학의 발전에 힘입어 탄도학이 정착되어 왔다. 포물선 이론을 정립한 갈릴레오 갈릴레이의 뒤를 이어서 18세기 영국의 수학자였던 벤자민 로빈스는 과학적 탄도학의 기초를 마련하였다. 하지만 19세기에 들어서야 탄도학은 이론과 실제 간의 연계를 확립시킬 수 있었다. 다시 말해, 19세기에 이룩된 야금술과 기계공학의 발전에 힘입어 동일한 구경을 가진 화포 생산이 가능해졌고, 이를 바탕으로 탄도에 대한 과학적 분석을 시도할 수 있었다. 이러한 발전 덕분에 제1차 세계대전 시에 대규모 탄막사격이 가능하게 되었다.

철도의 발전과 이의 군사적 영향

장기적 관점에서 볼 때, 산업혁명으로 인한 과학기술의 발전이 군사 면에 미친 가장 큰 영향은 직접적인 살상무기의 발전이 아닌, 철도와 같은 간접적인 전쟁수단의 발전이었다. 그 자체로는 아무런 살상력도 없는 철도는 1860년대 이후에 본격적으로 전쟁수행에 불가결한 영향을 미치게 되었다. 철도 운송은 시간·공간·힘이라는 전략의 3대 요소 중에서 인원과 물자의 신속한 이동을 가능케 하여 시간 요소를 변화시켰다. 1825년에 스티븐슨G. Stephenson이 제작한 증기기관차 '로켓'이 맨체스터와 리버풀 간을 달린 이래 철도는 유럽 각국으로 빠르게 보급되기 시작하였다. 처음에는 민수용이 주 목적이었지만 곧 이의 군사전략적 가치가 인식되면서 각국은 경쟁적으로 전략 철도부설에 매진하게 되었다.

유럽 각국들 중에서 특히 프로이센이 철도의 군사적 이용에 깊은 관심을 기울였다. 여기에는 초급장교 시절부터 철도의 중요성을 간파하고 있던 몰트케Helmuth von Moltke의 프로이센군 참모총장 취임(1857)이 중요한 계기가 되었다. 그는 군 병력 동원에 활용할 목적으로 국가의 철도 운용을 체계화하였다. 즉, 프로이센군 총참모부 내에 철도 행정을 총괄하는 전담 부서를 신설하였다. 사전에 작성된 철저한 철도 이동계획에 따라 대규모 병력을 신속하게 전장으로 이동시킬 수 있었던 그의 프로이센군은 오보전쟁(1866)과 보불전쟁에서 대승을 거둘 수 있었다. 이제 전쟁의 승패는 전투현장에 있는 군 지휘관의 리더십보다 사무실에서 전쟁을 기획하는 참모장교의 능력에 더 의존하게 되었다.

산업화를 통한 철도의 발전과 이의 군사적 활용이 보편화되면서 유사시에 외교채널을 통한 분쟁 해결의 여지가 줄어들었다. 18세기 이래 전쟁 발발은 통상적으로 동원, 집중, 그리고 전선 배치라는 3단계로 이루어졌다. 여기에서 동원과 집중은 전쟁 준비단계로 통상 이때에 충돌 방지를 위한 외교활동이 활발하게 전개되었다. 하지만 철도의 보급으로 시간적 간격이 좁아들면서 이러한 3단계식의 구분이 불분명해졌고, 그로 인해 외교가 담당할 수 있는 여지는 크게 축소되었다. 더구나 일단 동원령이 내려지면 사전에 치밀하게 짜놓은 철도운송 계획표에 따라 움직여지기에 동원이 시작되는 순간부터 외교적 시도는 정지 상태에 놓이게 되는 셈이었다.

이처럼 효과적인 전쟁수행이 평시에 미리 마련된 계획을 얼마나 효과적으로 실행할 수 있는가의 문제와 직결되면서 평시 전쟁계획 수립이 중요하게 되었다. 결과적으로 이제 전시와 평시의 구분이 무의미해졌고, 전쟁이 단지 군인만의 업무가 아니라 해당 사회 전체의 일이 되었다. 이처럼 산업화와 그로 인한 철도발달 덕분에 대규모 병력의 이동과 이를 위한 병참지원이 가능해져서 이제 각국의 병력은 수백만 명에 달하게 되었다. 이러한 면에서 "이제 전쟁에서 인구 증가 및 기차 운행이라는 '두 개의 시간표'가 중요한 요소가 되었다"는 피어튼M. Pearton의 분석은 타당하다.

어른거리는 대규모 전쟁의 그림자

18세기 중엽 영국을 필두로 시작되어 19세기 중엽 이후에

꽃을 피우기 시작한 산업혁명은 비단 무기발달에만 영향을 준 것이 아니라 이후 세계사 전개와 관련하여 근본적인 변화를 초래하였다. 산업혁명이 준 가장 음울한 영향은 대규모 전쟁의 가능성을 열어 놓았다는 점일 것이다. 이제 산업화로 인한 대량생산 덕분에 국민개병제로 동원된 수백만 명의 인원들을 단기간 내에 무장시킬 수가 있게 되었다. 또한 과학기술의 발달로 화기의 자동화가 진전되어 대량살상이 가능해졌다.

마지막으로, 철도의 발달은 이처럼 최신의 무기로 무장한 대규모 병력을 원하는 장소로 신속하게 운송 및 투입할 수 있는 길을 열어주었다. 이처럼 1914년 이전에 유럽은 이미 제1차 세계대전이라는 '총력전'을 결행할 준비를 마치고, 누가 먼저 방아쇠를 당기느냐의 문제만 남겨놓고 있었던 것이다.

제1차 세계대전과 무기발달

총력전 시대의 개막

제1차 세계대전은 대표적인 '총력전(total war)'이었다. 이는 전쟁에서의 승리를 위해 정치, 경제, 사회, 그리고 심지어는 문화까지 한 국가의 전체 역량이 모두 동원되는 전쟁의 형태를 말한다. 어떻게 이러한 변화가 가능하였는가? 그 기초를 제공한 것은 바로 19세기 초반 이래로 유럽의 열강들이 경쟁적으로 추구해온 산업화(industrialization)였다. 각국이 사활을 걸고 벌여온 산업발전 및 군비경쟁이 결국에는 세계대전이라는 미증유의 총체적 파국을 불러왔던 것이다.

전쟁에서 산업화의 위력은 이미 1870년에 벌어진 프로이센과 프랑스 간의 전쟁에서 암묵적으로 표출되었다. 선진된 과학기술력에 기초한 우수 장비로 무장하고 파죽지세로 밀어붙이는 프로이센군 앞에서 프랑스는 채 두 달도 버티지 못하고 항복하고 말았다. 저항하는 파리 민중들을 향해 프로이센 포위군은 수백 문의 대포를 동원하여 집중포화를 퍼부었다. 파리는 일거에 파괴되고 수많은 사람들이 목숨을 잃었지만, 이는 전쟁의 한 단면에 불과할 따름이다. 왜냐하면 대량파괴 및 살상의 그림자가 곳곳에서 관찰되었기 때문이다.

마침내 1914년 6월 28일 발칸반도의 사라예보에서 합스부르크 제국의 황태자가 암살당하는 사건을 계기로 세계는 32개국이 개입되는 미증유의 전면전쟁을 경험하게 되었다. 1860년대에 독일과 이탈리아가 통일국가를 완성한 이후로 유럽 내에서 세력균형의 변화가 일어나게 되었고, 이에 따라 국가 간의 대립과 경쟁적 제국주의 정책의 추구 등이 가열되었다. 얼마 지나지 않아서 이는 유럽의 열강들을 적대적인 두 집단, 즉 3국동맹(독일·오스트리아·이탈리아)과 3국협상(영국·프랑스·러시아)으로 분열시키고, 드디어는 국제사회를 타협과 조정이 불가능한 무정부 상태로 몰고 갔던 것이다.

그렇다면 대전은 어떻게 전개되었는가? 초반 기동전 이후에 진지전 및 참호전으로 바뀐 전쟁 양상을 타파하기 위해 어떠한 시도들이 있었는가? 이러한 와중에 발생한 엄청난 인명손실은 불가피한 것이었는가?

대전의 전개와 무기발달

1914년 8월 초에 전쟁이 발발하자 독일은 속전속결의 작전계획인 슐리펜 계획(Schlieffen Plan)에 따라 중립국 벨기에를 통과하여 파죽지세로 프랑스 영토로 밀고 들어갔다. 하지만 독일군의 진격은 9월 초에 센강의 지류인 마르느강에서 벌어진 프랑스군의 완강한 저항에 부딪쳐서 중지되고 말았다. 이때부터 서부전선에서 전쟁은 종반전에 접어드는 1917년 말에 이르기까지 참호전과 이를 돌파하기 위한 돌격전으로 전개되었다. 결국에는 수많은 전사자들이 속출하는 살육전과 엄청난 분량의 물자를 소비하는 소모전만 반복될 뿐이었다.

따라서 제1차 세계대전 시의 무기는 주로 이러한 교착상태를 고수하고 타파하려는 방향으로 발전되었다. 전쟁의 양상이 참호전으로 전개된 데에는 과학기술의 진보에 따른 방어용 무기의 개발이 큰 역할을 하였다. 1914년 말경부터 서부전선에서는 가시철조망과 기관총이 전장을 압도하였다. 양측은 일단 참호를 구축하고 전방에 철조망을 설치하여 적군의 침입을 막았다. 철조망을 통과하려는 적군의 시도는 참호 속에 대기하고 있던 기관총 사수의 연발사격에 의해 여지없이 좌절되었다. 이러한 참호전에서 최고의 위력을 발휘한 무기는 바로 맥심기관총이었다.

기관총의 출현은 이미 구축된 진지에서 상대방에 대응하는 방어 진영에 결정적으로 유리하게 작용하였다. 기관총으로 인해 제1차 세계대전이 참호전으로 전개되었다고 말해도 과언이 아닐 정도로 이는 방어하는 측에 압도적인 우세를 가져다주었다. 연속으로 발사되는 소화기를 개발하려는 노력은 멀리 15세기 이후부터 있어 왔지만 19세기에 이르기까지 별다른 진전을 이루지 못하였다. 왜냐하면 자동소총이 등장하기 위해서는 무엇보다도 금속탄피의 발명이 선행되어야 했기 때문이다. 19세기 중반에 이르러 뇌관, 화약, 그리고 탄환을 모두 한꺼번에 담을 수 있는 금속제 탄피가 발명되면서 기관총 탄생에 청신호가 켜졌다.

처음으로 전장에 모습을 드러낸 것은 개틀링Gatling 기관총이었다. 이는 미국 남북전쟁(1861~1865) 당시 북군에 의해 사용되기 시작하였는데, 여러 개의 총열을 함께 뭉쳐놓은 형태로 반자동식으로 작동하였다. 그러다보니 발사속도가 느렸고, 장시간 사격할 경우에는 자주 고장이 발생하여 애를 먹였다. 마침내 1880년대 중반에 이르러 현대적인 전자동식 기관총이 모습을 드러내게 되었다. 즉, 1885년에 맥심Hiram Maxim은 총의 반동에너지를 이용하여 자동적으로 발사되는 맥심 기관총을 발명하였다. 대전 중에 분당 650발까지 사격이 가능하던 기관총은 돌진하는 보병들에게 치명적인 무기가 되었다. 이로 인해 양측은 더 이상 전진하지 못하고 장기간의 대치상태로 빠져들게 되었다.

따라서 제1차 세계대전 시에 등장한 공격용 무기들은 바로 이러한 교착상태를 타개하려는 목적을 갖고 있었다. 적군이

맥심기관총을 조작하는 사수들

가설해 놓은 철조망을 파괴하고 기관총 진지를 제압하여 참호
선을 돌파할 수 있는 새로운 장비가 절실하게 요구되었다. 이
를 위해 영국과 프랑스가 극비리에 신무기 개발에 착수하였는
데 이렇게 탄생한 것이 바로 전차戰車(tank)였다.

　최초로 전차에 관한 아이디어를 구체적으로 제시한 인물은
영국군 공병대 소속의 스윈튼 중령이었다. 그는 미국의 농업
용 트랙터에서 힌트를 얻어서 무한궤도식 장갑자동차에 화포
와 기관총을 탑재한 형태의 전차를 건의하였다. 우여곡절 끝
에 그의 제안은 당시 해군장관이었던 처칠에 의해 수용되었
고, 마침내 영국군은 1916년 1월에 150대의 전차를 발주할 수
있었다. 이 신무기는 모든 면에서 요즘 전차와는 비교조차 될
수 없을 정도로 뒤떨어져 있었지만, 적 방어선 돌파에 크게 기

여할 것으로 기대되었다(승무원 8명, 최대속도 6km/h, 무게 28톤, 무장 57밀리포 2문과 기관총 3정).

이렇게 개발된 전차를 영국군은 1916년 9월에 서부전선에서 벌어진 솜므 전투에 최초로 투입하였다. 생전 처음으로 전차를 목격한 독일군은 매우 당황하였다. 하지만 가공할 만한 첫인상에 비해 전차의 위력이 우려할 만한 수준이 아니라는 점들이 점차로 알려지면서 이에 대한 독일군의 공포심도 수그러들었다. 무거운 하중과 잦은 고장으로 인해 이후로 전차는 원래 개발 목표였던 전선 돌파보다는 오히려 철조망 파괴, 적 기관총 제압, 돌격보병 선도 및 엄호 등과 같은 간접적인 임무 수행에 투입되었다.

전선의 교착상태를 타개하려는 목적하에 이 시기에 발전한 화약무기로 박격포(mortar)를 들 수 있다. 양측이 모두 깊은 참

서부전선에 투입된 영국군 전차

호를 파고 그 속에 웅거하고 있었기에, 통상적인 화포사격은 별 효과가 없었다. 왜냐하면 양측은 가까운 거리를 두고 대치하고 있었기에 보통의 화포로는 최대 사각 폭이 제한되어 포탄이 적군의 머리 위를 통과하여 날아가 버리기 일쑤였기 때문이다. 이러한 문제를 해결할 수 있는 방법을 강구하던 중에 상대적으로 경량이고 운용이 간편하며 무엇보다도 높은 사각으로 발사가 가능한 박격포가 주목을 받게 되었다.

제1차 세계대전 중에 비약적으로 발전한 또 다른 신무기는 바로 항공기였다. 1903년 12월에 라이트 형제가 미국 노스캐롤라이나州의 한 벌판에서 첫 비행에 성공한 이래 대전 전까지 항공기는 기껏해야 실험적 단계에 머물러 있었다. 하지만 전쟁 발발과 더불어 항공기의 유용성이 부각되면서 각국은 앞 다투어 항공 산업에 막대한 투자를 하기 시작하였다. 더욱이 전쟁 양상이 참호전으로 전개되면서 정찰 및 포병사격용 목표물 식별에서 항공기의 역할이 긴요해졌다. 초기에는 정찰과 수색, 그리고 포병의 탄착 관측 임무가 고작이었으나 기술 발전과 더불어 공중전은 물론이고 지상부대에 대한 기총 사격과 폭탄 투하 기능까지 수행하게 되었다.

제1차 세계대전에서의 경험을 바탕으로 향후 전쟁에서 항공기의 중요성과 이의 전략적 가치를 간파한 인물은 이탈리아의 항공 전략가인 줄리오 듀헤Giulio Douhet였다. 그는 1921년에 발간된 『제공권』에서 항공기만이 기관총과 같은 현대식 무기로 무장한 대규모 지상군들이 벌이는 소모성 지연전을 극복할 수 있다고 주장하였다. 무엇보다도 항공기는 자연적 장애물에 별다른 영향을 받지 않고 작전을 수행할 수가 있었기에 조만간에 혁명적인 전략무기가 될 것으로 예측하였다.

세계대전 중에 등장한 잔인한 신무기는 독가스(poison gas)였다. 핵무기와 더불어 20세기를 공포로 몰아넣게 되는 화학무기가 그 추악한 모습을 드러낸 것이다. 1915년 4월에 독일군은 프랑스와 벨기에 국경지대에서 벌어진 이프르 전투에서 처음으로 이페릿이란 명칭의 독가스를 살포하였다. 영국해군의 해상봉쇄로 인해 원자재 및 생필품 부족에 시달리고 있던 독일이 전선에서 돌파구를 찾을 심산으로 염산과 에틸렌가스를 화학적으로 결합하여 폭발 시 안개처럼 퍼져나가는 독가스를 개발하였던 것이다. 이는 들이마시는 순간에 호흡기와 소화기에 치명적인 손상을 입혔고, 이후 30분 이내에 사망할 정도로 맹독성을 갖고 있었다.

곧바로 영국과 프랑스 측에서도 독가스로 응수하였는 바 그 살육의 현장이 얼마나 비참했을지는 충분히 짐작되고도 남는다. 레마르크는 『서부전선 이상 없다』에서 독가스가 살포되었을 때 참호 속에 웅크리고 있던 병사들이 얼마나 공포에 사로잡혀 있었는가를 실감나게 묘사하고 있다. 초기에는 강철로 만든 관에 넣은 독극물을 가스 상태로 분사하였으나, 이는 살포 준비에 시간이 많이 소요되고 무엇보다도 외부 기상조건에 커다란 영향을 받는다는 문제를 안고 있었다. 이를 타개하려는 노력이 꾸준히 이루어져 1916년경부터는 투발식이 개발되었으나, 전선의 균형을 깨뜨리지는 못하였다.

무기 발달에 따른 신전술 개발

신무기의 등장과 이의 본격적인 활용은 곧 새로운 전술 변화로 이어졌다. 대전 중에 개발된 대표적인 공격전술은 '후티어 돌파전술'이었다. 당시에 양 진영은 전선의 최전방에 대부분의 병력을 배치하는 주저항선 개념의 방어 형태를 취하고 있었다. 이러한 방어망을 뚫고 어떤 작전을 수행하기 위해서는 본대의 공격 개시 이전에 적의 방어진지를 초토화시킬 수 있는, 장시간에 걸친 포병의 공격준비사격이 긴요하였다. 실제로 이프르, 베르당, 솜므 등에서 벌어진 전투에서는 전장의 지형을 변화시킬 정도로 수만 발의 포탄이 집중적으로 발사되었다.

그러나 아무리 많은 포탄을 퍼부어도 여전히 많은 수의 기관총 진지와 포진지가 남아 있게 마련이었다. 또한 적군은 포탄의 사거리가 미치지 못하는 후방에 제2의 전선진지를 구축하고 대규모 병력을 배치할 수 있는 시간적 여유를 가질 수 있었다. 더구나 간혹 제1선을 돌파한 적을 역습하여 격퇴시킴으로써 추가적인 돌파를 저지할 수도 있었다. 결과적으로 엄청난 분량의 포탄과 대규모 병력의 투입에도 불구하고 소기의 성과를 거두지 못하였다.

이러한 문제에 대한 대응책으로 소개된 것이 바로 당시 독일군 제18군 사령관 후티어 장군의 돌파전술로, 이는 다음과 같이 3단계로 전개되었다. ①당시 일반화된 장시간의 공격준비포격 대신에 다량의 가스와 탄막사격을 단시간 실시한 다음 5분 후 즉시 공격에 돌입한다. ②공격하는 보병부대의 바로 전방에 계속적으로 탄막을 형성하여 보병을 지원 및 보호하고, 전진 정도에 비례하여 탄막의 사거리를 증가시킨다. ③공격부대는 일단 탈취 목표를 정한 다음에는 측방에서 강력한 저항을 받더라도 이를 무시하고 최대의 속도로 전진한다.

이러한 신형 전술은 기습공격을 근간으로 하였기에 적군은 최초의 방어진지가 돌파당할 경우에 이에 대비할 만한 시간적인 여유를 가질 수가 없었다. 하지만 새로운 공격전술도 전선 돌파에는 성공하였다고 하더라도 후속 예비대 및 기동력의 부족, 그리고 보급의 지연 등으로 인해 최종적인 승리로 이어지는 못하였다.

따라서 이에 대응하는 새로운 방어전술도 개발되었다. 즉, 독일에서 후티어 전술이 등장하자 프랑스에서는 제4군 사령관 꾸로 장군이 종심방어전술을 고안해낸 것이다. 독일의 공격력을 흡수하고 약화시키려는 것이 주목적이었던 종심방어전술은 조직적으로 경계지대를 편성하여 적군을 기만하고, 나아가 적군의 진격을 최대한 억제할 수 있도록 깊은 방어종심을 편성하는 것을 그 핵심으로 하였다. 이를 통해 공격군의 공격준비사격의 효과를 감소시키면서, 대부분의 방어부대에게 적의 보병부대 공격에 대비할 수 있는 시간적 여유를 확보해

줄 수가 있었다. 결과적으로 초기에 거둔 몇 차례 성공을 제외하고 후티어의 돌파전술은 꾸로의 종심방어전술에 부딪혀 별다른 효과를 얻지 못하였다.

진정 전쟁은 끝났는가?

1918년 11월, 4년여 동안 지속되던 전쟁이 마침내 그 막을 내리게 되었다. 총 32개국이 참전하여 총력전으로 전개된 전쟁은 엄청난 피해와 후유증을 남겨 놓았다. 이러한 전쟁이 남긴 문제들을 해결할 목적으로 전승국의 대표들이 파리에 모여서 회담을 갖게 되었다. 미국 대통령 우드로 윌슨이 제기한 '14개 조항'을 원칙으로 하여 영국 수상 로이드 조지, 프랑스 수상 클레망소 등 3거두가 주도한 회담의 결과로 1919년 6월 28일에 독일과의 전쟁 종식을 공식화한 베르사유 조약이 체결되었다.

그렇다면 이러한 노력을 통해 과연 유럽에 진정한 평화가 정착되었는가? 당연히 답변은 '그렇지 않다'이다. 전후에 엄습한 경제 불황과 더불어 이탈리아와 독일에서는 파시즘이 고개를 들기 시작하였다. 인간과 인간집단의 폭력적 본성이 재차 표출될 기미를 보이게 되었다.

제1차 세계대전의 경험을 바탕으로 대전 후에 주목을 받은 무기는 전차와 항공기였다. 이들의 전략적 가치와 그 운용에 대해 처음에는 영국과 프랑스에서 관심을 보였지만, 제기된

아이디어를 수용하여 이를 실천에 옮긴 것은 패전국 독일이었다. 제1차 세계대전이 끝난 지 채 20년도 되지 않아서 세계는 또 다시 총력전에 직면해야만 했는데, 바로 그 중심에는 전차와 항공기로 무장한 독일군이 버티고 있었다.

제2차 세계대전과 무기발달

또 한 번의 총력전

제1차 세계대전이 끝난 후 유럽에서는 한때 전승국(미국, 영국, 프랑스 등)을 중심으로 하여 국제연맹의 창설과 일련의 군축회담 등 평화재건을 위한 시도가 있었다. 하지만 이러한 노력은 1929년 세계 대공황 이후 독일에서 실권을 장악한 히틀러Adolf Hitler의 등장으로 무산되고 말았다. 1930년대 중엽부터 침략성을 노골화한 파시스트들에 대한 서구열강의 유화적인 자세는 그들의 호전성을 더욱 고무시켜 급기야는 또 다른 세계대전을 불러일으키고 말았다.

전쟁은 제1차 세계대전처럼 총력전으로 전개되었지만, 참호전으로 일관되었던 예전과는 달리 전차와 폭격기를 앞세운 기동전 양상으로 전개되었다. 1945년 8월이 되어서야 약 5년 간에 걸친 전쟁의 포성은 멈추었지만, 세계는 또 다시 미국을 중심으로 한 자유진영과 소련 중심의 공산진영으로 나뉘어 대립하게 되었다. 이른바 핵무기가 주는 인류 파멸의 공포 속에서 냉전(Cold War)이 시작된 것이었다.

대전의 전개와 무기 발전

5년여에 걸친 전쟁 동안에 여러 종류의 크고 작은 신무기들이 선을 보였다. 또한 이러한 무기들과 연결된 새로운 전술이 창안되기도 하였다. 제2차 세계대전 중 전쟁 초반부터 그 전략적 가치가 사뭇 기대된 무기는 항공기였다. 항공기는 제1차 세계대전 중과 그 이후에 비약적으로 발전하여 제2차 세계대전 시에는 핵심 무기로 자리 잡게 되었다. 제1차 세계대전 직후부터 항공기에 대한 관심이 고조되면서, 줄리오 듀헤와 같은 항공 전략가들이 등장하였다. 그는 제공권 장악과 대규모 공중 폭격이야말로 전쟁을 승리로 이끌 수 있는 요체라고 주장하였다.

이러한 항공 군사전략은 무엇보다도 폭격기의 성능이 빠르게 개선되었기에 가능하였다. 빠른 속도에 견딜 수 있도록 항공기 몸체는 두랄루민이라는 금속으로 만들어졌고, 엔진의 내구성과 기능도 점차 향상되었다. 특히 항속거리와 탑재량을

늘리는 쪽으로 기술개발이 이루어졌다. 각국은 폭격기의 개량에 집중 투자하여 제2차 세계대전 발발 직전에 각국 항공 전력에서 폭격기의 비율이 급증하게 되었다.

무엇보다도 전략폭격기(B-17, B-24, B-29)의 등장은 전쟁 양상의 변화를 초래하였다. 원거리 행동반경을 지닌 전략폭격기 편대의 공습작전으로 전후방 구분이 없어지고, 급기야는 전 국토 및 전 국민이 적 공군의 폭격으로부터 자유롭지 못하게 되었다. 항공기의 위력은 해상전투 양상도 변화시켰다. 즉, 항공모함의 등장으로 인해 전함을 중심으로 함대간의 포격전으로 전개된 기존의 해전방식이 사라지고, 이제 제공권의 확보와 항모의 선제공격이 승리의 관건이 되었다.

양차대전 사이에 항공기가 상당한 발전을 하였지만, 대전 발발 직전까지 항공기의 추진력은 프로펠러였다. 이는 보다 빠르고 멀리 비행하기 위해서는 많은 한계를 안고 있었다. 그리하여 각국은 새로운 추진방식을 찾기 위해 심혈을 기울였는데, 초기에 이 분야에서 선두를 점한 것은 영국이었다. 영국의 프랑크 휘틀은 장기간의 시도 끝에 1937년에 제트 엔진을 개발하여 이듬해에 시험 비행에 성공하였다. 물론 대전 발발과 더불어 제트기(하인켈 He-178)를 맨 먼저 선보인 것은 독일 공군이었지만, 어찌되었든 이제 시속 1,000km의 시대가 도래한 것이었다.

제2차 세계대전 중에 선보인 무기들 중 가장 의외의 신무기는 로켓이었다. 이 분야에서 선두주자였던 독일은 전쟁 중에 로켓 개발에 박차를 가하였다. 액체연료를 사용하는 독일의 로켓은, 비록 전쟁의 승패를 결정짓지는 못하였지만, 미래형 신무기로 특히 런던 시민들에게 가공할 공포심을 자아내었다. 대전 중에 독일은 두 종류의 로켓을 개발하였다. 먼저 개발된 V-1호는 펄스제트 엔진을 장착한 유익형의 비행기 모습으로 사정거리 250km에 시속 600km의 순항속도를 갖고 있었다. 하지만 이는 영국 공군의 최신식 레이더radar망에 포착되어 목표물에 도달하기 전에 격추당할 확률이 높았다.

V-1호 로켓이 갖고 있던 결점을 보완하여 전쟁 말기에 완성한 것이 바로 V-2호 로켓이었다. 이는 비행 중에 또 다른 로켓 연료에 의해 가속되고 속도와 방향을 유도할 수 있도록 제작되었다. 1944년 9월에 첫 번째 탄이 런던에 발사된 이래로 총 1,120발이 투하되었다. 비록 탄착오차가 12~13km에 달

독일군의 V-2호 로켓

할 정도로 부정확했지만, V-2호 로켓의 최대 사정거리는 300km에 달해 잉글랜드 중·북부 지방까지 사정권에 포함될 정도였다.

다소 과장된 평가일지는 모르지만, 대전 중에 독일 공군의 대규모 폭격으로부터 영국을 구한 것은 다른 무엇보다도 레이더였다. 이는 원래 불연속적인 펄스전파의 반사를 이용하여 전리

충의 고도를 측정할 목적으로 영국 과학자들이 개발한 것이었다. 영국은 제2차 세계대전 개전 당시 영국 동남부의 연안에 이 신형장비를 설치하여 독일 공군의 공습을 사전에 포착, 독일 폭격기 편대에 심대한 타격을 입혔다. 당시 영국군은 이 레이더 덕분에 영국 본토로 접근해 오는 독일 폭격기와 전투기 편대를 수백 킬로미터 떨어진 지점에서부터 추적하면서 각종 비행 정보를 파악할 수 있었다.

무엇보다도 대전 이후에 전 지구적으로 가장 심대한 영향을 끼친 무기는 원자폭탄(atomic bomb)일 것이다. 1938년에 두 명의 독일 화학자 오토 한과 프리츠 슈트라스만은 우라늄에 고속의 중성자를 충돌시키면 원자핵이 분열되면서 순간적으로 엄청난 에너지가 방출된다는 연구결과를 발표하였다. 이를 계기로 미국, 영국, 독일 등 각국은 이 에너지를 이용하여 가공할 무기를 개발하려는 움직임을 보이게 되었다.

제2차 세계대전의 발발과 더불어 독일 나치가 원자탄을 개발하고 있다는 첩보를 입수한 미국은 1942년 8월 비밀리에 일명 '맨해튼 프로젝트'라는 원자폭탄 개발계획에 착수하였다. 마침내 1945년 7월 원폭 실험에 성공하고, 같은 해 8월 초에는 최초의 원자폭탄인 MK1과 MK2를 일본의 히로시마와 나가사키에 투하하였다. 눈 깜짝할 사이에 인구 10만 이상을 자랑하던 두 도시는 잿더미로 변하였다. 전 인류를 몰살시킬지도 모를 가공할 최첨단 무기가 이제 그 공포의 위력을 유감없이 드러낸 것이었다.

무기 발달과 전술 변화

제2차 세계대전 전반기에 명성을 날린 무기는 전차였다. 그동안 전차는 단순히 방어 무기로 그리고 기껏해야 역습 시에 보병을 화력 지원하는 무기 정도로만 인식 및 활용되었다. 이처럼 초보 단계에 머물러 있던 전차의 운용 개념을 혁신적으로 변화시킨 주역은 제1차 세계대전 후에 연합군으로부터 가혹한 군축軍縮을 강요당했던 독일군이었다. 독일의 전략가들은 전차를 몇 대씩 운용하던 기존의 작전개념에서 탈피하여 기갑사단을 편성하고 이를 독립적으로 운용하기 시작하였다.

전차 운용의 신개념을 처음으로 체계화한 것은 독일군이 아니라 영국과 프랑스의 전략가들이었다. 대표적으로 영국의 풀러J. F. C. Fuller와 리델 하트B. Liddell Hart, 그리고 프랑스의 에스티엔J. B. Estienne과 드골C. De Gaulle을 꼽을 수가 있다. 풀러는 신속한 공지空地 협동작전을 통해 사단급 이상의 중추신경을 마비시킨다는 '마비이론'을 제시하였고, 리델 하트는 전차의 기동력 및 화력을 공군의 공중지원 능력과 결합하여 폭발적인 돌파력을 발휘케 하는 '전격전' 이론을 내세웠다.

이론적 차원에 머물러 있던 운용 개념은 전차의 성능이 개선되면서 점차로 실행으로 옮겨지게 되었다. 물론 나름대로 전투수행에 기여를 하였지만, 제1차 세계대전 시 전차는 일종의 애물단지였다. 시속 6km에 불과한 느린 속도, 최대 20km로 국한된 기동거리, 그리고 각종 기계장치상의 결함과 불량

한 장갑 등이 활용의 폭을 극히 제한하였다. 하지만 대전 후에 전차는 많은 개선이 이루어졌다. 예컨대, 유압식 기계장치는 발사 시 반동력을 흡수하여 강력한 포의 장착을 가능케 하였고, 자이로-스테빌라이저gyro-stabilizer는 이동시 안정성을 확보하여 보다 효과적으로 포격이 이루어질 수 있도록 하였다.

하지만 이러한 전차의 운용개념과 기술적 발전을 결합하여 실천으로 옮긴 것은 독일군이었다. 영국군과 프랑스군이 전차를 여전히 보병의 보조무기로만 인식하고 있던 데 비해 독일군은 이를 핵심적인 공격무기로 탈바꿈시켰다. 대전 후에 체결된 베르사유 조약으로 인해 보유 병력이 10만 명으로 제한된 독일군은 기계화를 통해 이를 극복하려 하였다. 1920년대에는 러시아군과 합동으로 비밀리에 기동훈련을 실시하면서 전차 운용에 관한 교리를 발전시켰다.

1930년대 중반에 히틀러가 재무장을 선언하자 독일군의 전력은 급성장하였고, 그 중심에는 전차가 있었다. 독일군 내에서 기갑부대를 육성하고 관련 전술을 개발한 중심인물은 구데리안 장군이었다. 그는 영관장교 시절부터 기갑부대 창설을 주도하였고, 1935년 독일군의 재무장 돌입과 더불어 3개의 기갑사단을 신설하였다. 이후 증강을 거듭한 기갑부대는 1940년 프랑스 침공 시에는 10개 기갑사단(약 2,400대 전차)으로 늘어나 독일군 전격전 수행의 견인차가 되었다.

공포의 균형 시대로

1945년 9월에 일본이 항복문서에 서명함으로써 제2차 세계대전은 공식적으로 종결되었다. 제2차 세계대전 이후에는 제1차 세계대전 시와 같은 별도의 전후처리 회담이 없었다. 전쟁이 진행되는 중에 연합국 진영의 수뇌들이 가졌던 카이로 회담(1943.11), 얄타 회담(1945.2), 그리고 포츠담 회담(1945.7) 등 일련의 회합들과 이때 합의된 사항들이 전후에 거의 그대로 적용되었다. 무엇보다도 중요한 것은 1945년 2월에 루스벨트, 스탈린, 그리고 처칠 등 강대국의 지도자들이 체결한 얄타협정이었다. 대전 후 동유럽 및 독일문제, 그리고 극동에서 소련의 대일전 참전 등을 결정한 이 협정이 전후 세계를 디자인하는 원칙이 되었다고 볼 수 있다.

전후에도 공조체제가 유지될 것으로 생각한 루스벨트의 기대와는 달리, 세계는 미국을 중심한 자유진영과 소련을 중심한 공산진영으로 나뉘어 대립하는 냉전 시대로 접어들게 되었다. 세계평화를 위협하던 히틀러는 사라졌지만, 그와 쌍벽을 이룬 스탈린은 여전히 건재하였던 것이다. 무엇보다도 대전 말기에 모습을 드러낸 원자폭탄을 1949년 8월에 소련도 보유하게 되면서 이제 세계는 상호 파멸의 가능성을 항상 염두에 두어야만 했다.

현대 첨단무기와 미래전쟁

전쟁은 사라지지 않았다

제2차 세계대전이 종결된 이후에 세계는 염원하던 평화를 얻게 되었지만, 냉전이라는 명칭이 암시하듯 이는 매우 불안한 가운데 유지된 평화였다. 미국을 중심으로 한 자유진영과 소련을 중심으로 한 공산진영 간의 대립과 갈등은 끊임없이 일어났다. 여기에 제2차 세계대전 이후에 독립을 얻은 이른바 제3세계 국가들이 단일한 세력을 형성하면서 세계의 역학관계는 보다 복잡해졌다.

두 차례의 세계대전을 경험하고 난 이후에 아직까지 이른바 제3차 세계대전은 일어나지 않았다. 그렇다고 지구상에서 전쟁이 멈춘 것은 아니었다. 동서 냉전을 열전熱戰으로 바꾼 한국 전쟁을 시발로 월남 전쟁, 포클랜드 전쟁, 걸프 전쟁, 그리고 최근에 일어난 이라크 전쟁 등 대소 규모의 전쟁이 지속적으로 일어났다. 이러한 충돌 과정에서 새로운 첨단무기들이 선을 보이게 되었고, 이에 따라 전쟁 양상에도 변화가 초래되었다. 오늘날까지 이어져온 무기 발달의 추세 속에서 우리는 어렴풋하게나마 미래의 전쟁 양상을 예측해 볼 수 있다.

제2차 세계대전 이후의 무기발달

보병용 무기들은 자동화의 정도가 향상되었을 뿐 기본적으로 제2차 세계대전 시와 거의 동일한 수준을 유지하였다. 특히 보병부대의 기본무기라고 할 수 있는 소총, 수류탄, 기관총, 그리고 박격포 등은 별다른 변화 없이 사용되어왔다. 그런대로 혁신적으로 발전된 분야는 전자무기로서 레이더를 비롯하여 야간투시경, GPS, 그리고 전파방해 방지 무전기와 같은 항법 및 통신장비 등이 개발되었다.

전차를 중심한 기동전으로 전개된 제2차 세계대전의 영향으로 대전 후에는 대전차 무기류가 발전하였다. 우선 복합장갑 및 추가장갑의 개발 덕분에 전차의 방호력은 크게 향상되었지만, 역으로 이는 대전차 유도미사일의 발전을 가속화시켰다. 이러한 무기발달은 전차전을 수행하는 전술에도 변화를 가져다주었다. 오늘날 전차는 승무원 수는 줄어들었지만, 보다 많은 전자장비와 우수한 사격통제 장치를 구비하고 전장을 누비고 있다. 이에 따라 보병의 기계화 정도도 크게 진전되어 병력운반 차량 및 탑승 전투차량 등 장갑차가 발전하였다.

무엇보다도 비약적인 발전이 이루어진 것은 공군 무기분야였다. 한 예로 제2차 세계대전 시에 비해 전투기의 속도는 3배, 고도는 50% 더 높게, 탄약은 3배 이상 적재가 가능해졌다. 물론 아무리 무기가 발달하더라도 공중전에서 승패를 결정하는 핵심 요소가 조종사의 능력이라는 점에는 변화가 없었다. 작전 인원의 감소 및 폭탄 성능의 향상에도 불구하고 공중전은 여전히 인간의 육체적 한계 내에서 수행되었다.

해군 무기의 발전도 주목할 만하다. 항공모함에 대한 관심이 지속되었지만, 제2차 세계대전 이후에 가장 위협적인 무기로 등장한 것은 핵잠수함이었다. 심해에서 장기간 작전을 수행하는 잠수함이야말로 적에게는 사전 대비가 곤란한 가장 위협적인 무기이다. 전자장비의 발전이 항공모함이나 핵잠수함의 작전 수행을 가능하게 만들어 주었다.

항공기의 발달은 이에 대응하는 새로운 무기의 발달을 자극하였다. 대공포는 외관상 별다른 변화가 없었지만, 적기를 사전에 포착할 수 있는 레이더와 컴퓨터화된 사격통제장치를 장착하여 명중률을 크게 향상시켰다. 이러한 재래식 무기 이외에 샘SAM 미사일과 같은 대공무기는 적군의 항공기에 위협적 존재가 되었다.

현대의 첨단무기

1980년대에 접어들어서 정보·전자·재료·광·생물공학 분야의 비약적 발전과 이의 군사적 응용에 관심이 집중되었다. 이른바 고도 기술시대가 개막되었고, 강대국들은 이 분야에서 우위를 유지하기 위해 사활을 걸게 되었다.

이 시기에 가장 주목을 받은 첨단기술 분야는 신소재와 전자광학기술, 그리고 이를 활용한 지휘통신체계였다. 금속공학의 발전에 힘입어 파인세라믹스, 복합재료, 고분자 재료 등과 같은 신소재가 개발되어 스텔스와 같은 첨단 항공기 및 최신형 전차의 장갑판을 만드는 재료로 이용되었다. 이외에도 포클랜드 전쟁에서 그 위력을 과시한 프랑스제 엑조세 미사일은 탄두에 사용된 폴리아미트수지 탄소섬유 덕분에 명성을 얻을 수 있었다. 무기를 만드는 가장 기초적인 물질의 개선을 통해 엄청난 위력을 지닌 신형무기들이 탄생된 것이다.

신기술은 여기에서 멈추지 않았다. 초정밀 집적회로, 광섬유, 레이저 기술 등이 발전하고 이것이 군사 면에 응용되어 무기의 위력을 한층 높여 주었다. 특히 레이저 기술은 1972년에 스마트 폭탄에 적용되어 공중폭격의 정확도를 획기적으로 높여 주었다. 최근에 벌어진 이라크 전쟁에서는 핀포인트 폭격이 가능할 정도로 레이저 기술이 발전한 것을 알 수가 있다. 이제 제2차 세계대전 시와 같이 수백 개의 폭탄을 투하하여 목표물을 타격하는 방식은 먼 옛날 얘기가 되어버렸다. 특히 가능한 한 인명 살상을 줄이려는 현대전쟁의 전개 양상을 고려할 때 레이저 무기의 활용 범위는 더욱 확대될 것으로 기대된다.

다음으로 소프트웨어 분야에서의 발전을 들 수가 있다. 즉, 복잡해진 현대의 전장에서 효과적으로 부대지휘를 할 수 있는 시스템이 개발되어 활용되고 있다. 현대전쟁은 동원되는 무기의 종류도 다양할 뿐만 아니라 연관되는 부대의 유형도 복잡하다. 이러한 상황 속에서 지휘관이 부대를 가장 효과적으로 지휘하여 전력을 극대화할 수 있는 방안인 지휘통신체계가 특히 1990년대 초반에 벌어진 걸프전쟁 이후에 비약적으로 발전하였다. 예컨대 기존의 C3I(command, control, communication, intelligence) 기능에 컴퓨터computer를 추가하여 필요한 정보를 획득하고 이를 분석, 적시적소에 제공함으로써 전투력을 극대화할 수 있는 C4I 시스템이 개발되었다.

이러한 첨단무기들은 1980년 이후에 벌어진 일련의 전쟁에 동원되어 막강한 위력을 과시하였다. 고도의 기술 장비들이 투입된 첫 전쟁으로는 영국과 아르헨티나 간에 벌어진 포클랜드 전쟁(1982.4.3~6.14)을 꼽을 수 있다. 이는 현대 전장의 총아라 할 수 있는 정밀유도무기(PGM, Precision Guided Munition)가 그 위력을 십분 발휘한 최초의 전쟁이었다. 예컨대, 영국의 타이거피쉬Tigerfish 유도어뢰와 시 스쿠아Sea Skua 공대공 미사일이 아르헨티나의 순양함과 초계정을 격침시킨 데 이어서 아르헨티나는 프랑스로부터 구입한 엑조세 공대함 미사일을 이용하여 영국의 구축함 세필드호를 일격에 물속으로 가라앉혔다. 정밀 유도무기를 이용하여 수행되는 전쟁의 승패는 이전에 비해 상대적으로 단기간에 판가름 났지만, 그 피해는 크고 전쟁 비용도 많이 소요되었다.

다음으로는 비슷한 시기에 일어난 레바논 전쟁(1982.6.6~8.31)을 들 수가 있다. 이는 이스라엘의 선제공격으로 시작된 이스라엘과 시리아 간의 분쟁으로 대표적인 전자전 전쟁이었다. 이 전쟁에는 다양한 전자 장비들이 투입되었는데, 가장 특징적으로 이스라엘 측이 무인기無人機를 이용한 전자전 방법을 창안하여 시리아의 방공체계를 초전에 무력화시킨 점을 들 수가 있다.

무엇보다도 첨단 기술시대 전쟁의 전개 양상을 극명하게 보여준 것은 미국과 이라크 간에 벌어진 걸프전이었다. 이는 전장을 전선에 국한시키지 않고 공지전투개념에 입각해 적 후방으로 확대하여 하늘과 땅의 통합작전을 수행한 입체 전쟁이었고, 첨단 과학기술을 활용하여 초기에 전세를 결정지은 단기 속결전이었다. 무엇보다도 1,000대 이상이나 되는 전투기의 동시 추적이 가능한 공중조기경보기(AWACS), 각 부대의 이동경로와 위치 파악을 가능케 한 항법컴퓨터 장치(GPS, Global Positioning System) 등 첨단 장비와 기법이 동원된 진정한 고도의 기술전쟁이었다. 무엇보다도 동원된 첨단 무기 목록표(스텔스 항공기, 토마호크 미사일, 패트리엇 미사일, 전자장비 장착 정찰위성)가 이를 입증하고 있다. 이러한 신무기들은

미공군의 스텔스기

컴퓨터 기술, 전자기술, 그리고 신소재 기술을 응용하여 최고
의 위력을 발휘하였다.

1980년대 초반부터 시작된 것으로 여겨지는 고도 기술전쟁
에서는 신소재 및 전자광학 기술이 적용된 정교한 신무기들이
선을 보이게 되었다. 특히 최첨단 기술이 빠른 속도로 발전하
고 이것이 단기간 내에 군사 면에 응용되면서 재래식 무기의
중요성은 점차로 줄어들었다. 하지만 무기가 정교해짐과 더불
어 그 단가가 매우 높아져서 짧은 전쟁수행 기간에 비해 전쟁
비용은 엄청나게 증가하게 되었다. 또한 각종 첨단무기와 관
련 물자 및 인원이 동시다발적으로 동원되어 전쟁수행이 매우
복잡해졌는데, 이는 새로운 통합지휘통신체계인 C4I의 개발을
통해 해결할 수 있었다. 아무튼 빠른 첨단기술의 발전과 이의
응용을 통해 이제 전쟁양상은 제반 무기를 총동원하여 전개되
는 전면전 대신 특정한 지역과 목표를 타격하는 제한전쟁으로
변화되었다고 볼 수 있다.

예상되는 미래전쟁의 양상

그렇다면 장차 미래전쟁은 어떻게 전개될 것인가? 장차 일어날 전쟁을 예측하기는 쉽지 않다. 『전쟁과 반전쟁』의 저자 앨빈 토플러를 비롯한 전문가들은 무엇보다도 미래전쟁에서는 전쟁 수행의 주역이 바뀔 것으로 예측하고 있다. 즉, 제1, 2차 세계대전 시와 같이 대병력이 동원되어 자웅을 겨루는 방식의 전쟁이 아니라 소규모 특수임무부대들이 전쟁 승패에 중요한 영향을 미칠 것이란 점이다. 또한 소수의 엘리트 군인들이 원거리 정밀 유도무기를 이용하여 벙커 안에서 전쟁을 수행할 것이란 예측도 제기되고 있다. 유도무기의 발달과 더불어 과거와 같은 대량파괴보다는 정해진 목표물만을 파괴하는 경제적 전쟁의 양상이 될 것이다. 특히 인명 중시 정신이 강화되면서 무인 비행기가 등장하는 등 예측할 수 없는 방향에서 전혀 예기치 못한 방식으로 공격이 가해지는 전쟁의 양상이 전개되고 있다. 최근에 벌어진 이라크 전쟁이야말로 바로 이러한 예측이 현실화되고 있음을 단적으로 보여준 것이었다.

또한 미래전쟁은 긴밀한 공지합동작전을 통해 전후방의 구분이 불분명한 상태로 전개될 것이라는 예측도 있다. 전통적인 전쟁방식은 일단 병력을 국경지대에 집결시키고 이를 이용하여 기동이든 돌파든 작전을 구사하는 것이었다. 물론 공군력을 동원하여 적국의 후방을 폭격하기도 하였지만, 이는 예외적인 경우에 해당하였다. 하지만 현대 및 미래의 전쟁에는 전후방의 구분이 없다. 예컨대, 걸프전이나 무엇보다도 이라크전의 경우에 정찰위성 및 조기경보통제기 등의 도움으로 적후방에 배치된 병력이나 무기, 또는 지휘부의 위치를 탐지하여 이를 정밀유도무기나 공중폭격을 통해 공격하는 경우가 다반사로 일어났음을 알 수가 있다. 최전선에서 접전이 이루어지기 이전에 후방의 중요 전략 목표물에 대한 타격을 통해 이미 전쟁의 승패가 결정되었다고도 볼 수 있다.

이러한 측면에서 볼 때, 미래전쟁에서는 다른 무엇보다도 정확한 정보의 획득이 작전수행의 주요 관건이 될 것이다. 공중감시 체제가 발달함과 더불어 지상에서도 중요 전략무기나 지점을 은폐 및 엄폐시키려는 시도가 정교화될 것이기 때문이다. 이러한 상황에서 지상에 대한 정확한 정보의 획득은 최소 비용을 통한 작전성공의 열쇠라고 할 수 있다. 유도무기가 정밀화됨에 따라 목표물의 특성에 따라 공격할 폭탄의 종류와 양이 달라지기 때문에, 사소하게라도 정확한 정보가 있다면 이것으로 얻을 수 있는 전략 및 전술적 효과는 매우 클 수가 있다.

그렇다면 이러한 정보의 획득과 목표물에 대한 타격은 어떻게 이루어지는가? 물론 과거 재래식 전쟁 시처럼 인적인 루트를 통한 정보획득과 확인이 중요하지만, 미래전쟁에서는 무엇보다도 대부분의 정보가 공중에 떠 있는 공중 조기경보기나 각종 정찰위성을 통해서 획득될 것이다. 다시 말해, 정찰위성이 떠다닐 수 있는 활동공간인 우주의 중요성과 지상의 정보를 수집하여 이를 작전부대에 전송하는 전자장비의 발전이 전쟁 승패에 매우 중요한 요소가 될 것이라는 의미이다. 따라서 우주를 포함한 공중을 지배하는 자가 최종 승자가 될 확률이 다른 어느 시대보다도 높아졌다고 볼 수 있다.

그렇다면 누가 이러한 첨단 무기와 시스템을 작동하고 명령을 받아서 실제 공격을 수행할 것인가? 복잡하고 다양한 장비를 다루고 시시각각으로 변화하는 상황을 접수, 분석 및 통합하여 작전명령을 내리기 위해서는 관련 분야에 대한 풍부한 지식과 냉철한 판단력을 소유한 엘리트 군인이 무엇보다도 필요해질 것이다. 미래전쟁은 소수의 정예화된 인원이 전쟁을 주도하고, 전쟁수행 시 위험한 무기를 다루는 일이나 생존이 위협받는 작업 등은 점차로 로봇이 담당할 것이다. 왜냐하면 미래전쟁에서는 무엇보다도 인명이 중시되어 가능한 한 그 피해를 최소화하려고 노력할 것이기 때문이다. 최근에 벌어진 이라크 전쟁 초반에 무인경비행기가 투입되어 정보수집이나 표적 획득에 크게 기여했음은 주지의 사실이다.

이상과 같은 특징을 갖고 있는 미래전쟁에서는 신기술을 수반하는 군사혁신과 민간분야와의 연계 강화가 더욱더 요구될 것이다.

참고문헌

강건작, 『무기와 전술』, 월에디션, 2005.

김철환·육춘택, 『전쟁 그리고 무기의 발달』, 양서각, 1997.

마틴 린치, 채계병 옮김, 『채굴과 제련의 세계사』, 책으로 만나는 세상, 2004.

박상섭, 『근대국가와 전쟁: 근대국가의 군사적 기초, 1500~1900』, 나남, 1996.

윌리엄 맥닐, 신미원 옮김, 『전쟁의 세계사』, 이산, 2005.

이치카와 사다하루, 남혜승 옮김, 『무기와 방어구: 서양편』, 들녘, 2000.

조르쥐 뒤비, 정숙현 옮김, 『위대한 기사, 윌리엄 마셜』, 한길히 스토리아, 2005.

클라우제비츠, 류제승 옮김, 『전쟁론』, 책세상, 1999.

B. 몽고메리, 승영조 옮김, 『전쟁의 세계사 1·2』, 책세상, 1998.

J. 듀 헤, 이명환 옮김, 『제공권』, 책세상, 1999.

J. 키건, 김지원 옮김, 『전쟁과 인간』, 세종연구소, 1995.

J. A. 린, 이내주·박일송 옮김, 『배틀, 전쟁의 문화사』, 청어람, 2006.

J. F. 던니간, 김병관 옮김, 『현대전의 실제』, 현실적 지성, 1999.

J. F. 폴러, 최완규 옮김, 『기계화전』, 책세상, 1999.

Jr. 린 화이트, 강일휴 옮김, 『중세의 기술과 사회변화』, 지식의 풍경, 2005.

R. 심킨, 연제욱 옮김, 『기동전』, 책세상, 1999.

T. N. 두푸이, 박재하 편저, 『무기체계와 전쟁』, 병학사, 1987.

Black, J., *A Military Revolution?: Military Change and European Society 1550~1800*, Macmillan, 1991.

_____, *War and the World: Military Power and the Fate of Continents 1450~2000*, Yale Univ. P., 1998.

Brodie, B. & F. M., *From Crossbow to H-Bomb: The Evolution of the Weapons and Tactics of Warfare*, Indiana U. P., 1973.

Diagram Group, *Weapons: An International Encyclopedia from 5000 BC to 2000 AD*, St. Martin's Griffin, 1990.

Duffy, C., *Fire and Stone: the Science of Fortress Warfare 1600~1860*, David & Charles, 1975.

_____ , "The Fortress in the Age of Vauban and Frederick the Great 1660~1789", *Siege Warfare*, vol. 2, 1985.

Ellis, J., *The Social History of the Machine Gun*, Johns Hopkins Univ., 1975.

Haycock, D. & K. Neilson, *Men, Machines and War*, Wilfried Laurier Univ. Press, 1988.

Lynn, J. A., *Battle: A History of Combat and Culture* Westview, 2003.

Macksey, K., *Technology in War: the Impact of Science on Weapon Development and Modern Battle*, Simon & Schuster, 1986.

McNeill, W. H., *The Pursuit of Power: Technology, Armed Force, and Society since AD 1000*, Blackwell, 1982.

Parker, G., *The Military Revolution: Military Innovation and the Rise of the West 1500~1800*, Cambridge U. P., 1996.

Pearton, M., *The Knowledgeable State: Diplomacy, War and Technology since 1830*, Disributed by Hutchinson, 1982.

Reid, W., *Arms through the Ages*, Harper & Row, 1976.

Rogers, C. J. ed., *The Military Revolution Debate: Readings on the Military Transformation of Early Modern Europe*, Westview Press, 1995.

Young, P., *The Fighting Man: From Alexander the Great's Army to the Present Day*, Rutledge Press, 1981.

프랑스엔 〈크세주〉, 일본엔 〈이와나미 문고〉,
한국에는 〈살림지식총서〉가 있습니다.

📖 전자책 | 🔍 큰글자 | 🔊 오디오북

서양 무기의 역사

| 펴낸날 | 초판 1쇄 2006년 8월 30일 |
| 펴낸날 | 초판 5쇄 2024년 9월 30일 |

지은이	이내주
펴낸이	심만수
펴낸곳	(주)살림출판사
출판등록	1989년 11월 1일 제9-210호

주소	경기도 파주시 광인사길 30
전화	031-955-1350 팩스 031-624-1356
홈페이지	http://www.sallimbooks.com
이메일	book@sallimbooks.com

| ISBN | 978-89-522-0547-6 04080 |
| | 978-89-522-0096-9 04080 (세트) |